粵港澳大灣區非遺地圖

廣東省非物質文化遺產館
（廣東省非物質文化遺產保護中心）
編著

非凡出版

《粵港澳大灣區非遺地圖》
編輯委員會

主編
藍海紅

副主編
朱　偉

編委
（按姓氏筆畫排序）
毛凌文　何　平　宋俊華　陳忠烈
張春雷　劉曉春　藍海紅　藍韶清

編輯部主任
朱　偉　李劭侹

執行編輯
李劭侹　王芳輝　李杏娜

編務
楊　立　彭　爽　黃智深　陳詠彤　李渝川
劉家宜　林德渝　黃蘊韻　肖朋彥　陳泰鎖

序
PREFACE

非遺保護與粵港澳大灣區文化認同、協同（代序）

宋俊華

21 世紀，人類進入真正的遺產學時代，最重要的標誌是國際社會建立並完善了人類遺產保護的國際多邊合作體系。在 20 世紀《保護世界文化和自然遺產公約》（1972）和「世界遺產名錄」基礎上，本世紀初聯合國教科文組織通過並實施了《保護非物質文化遺產公約》（2003）《保護和促進文化表現形式多樣性公約》（2005）和「人類非物質文化遺產代表作名錄」「急需保護的非物質文化遺產名錄」「非物質文化遺產優秀實踐名冊」等，推動世界大多數國家或地區建立並完善了國家或地方一級的遺產保護體系，遺產保護成為新世紀人類可持續發展的重要議題之一，對整個人類文化生態和文明進程都產生了重要影響。

中國擁有悠久的文明歷史和豐富的非物質文化遺產（簡稱非遺）資源，是國際非遺保護的積極參與者、推動者。習近平總書記十分重視非遺等優秀傳統文化保護工作，發表了一系列重要講話，強調非遺是中華民族的根和魂，保護非遺是堅定文化自信、延續中華民族歷史文脈和實現中華民族偉大復興中國夢的重要基礎。2019 年 7 月 15 日他在內蒙古考察時指出：「要重視少數民族文化保護和傳承，支持和扶持《格薩（斯）爾》等非物質文化遺產，培養好傳承人，一代一代接下來、傳下去。要引導人們樹立正確的歷史觀、國家觀、民族觀、文化觀，不斷鞏固各族人民對偉大祖國的認同、對中華民族的認同、對中國特色社會主義道路的認同。」

粵港澳大灣區由粵港澳「9+2」城市群構成，是與美國紐約灣區、舊金山灣區和日本東京灣區並肩的世界灣區之一，是習近平總書記親自謀劃、親自部署、親自推動的一項國家戰略。2018 年 10 月，習近平總書記在廣東視察時明確：「要把粵港澳大灣區建設作為廣東改革開放的大機遇、大文章，抓緊抓實辦好。」2019 年 1 月 3 日召開的廣東省委十二屆六次全會指出：「要擔當起重要責任主體的職責，舉全省之力推進粵港澳大灣區建設，主動協同港澳做好各項工作，推動規則相互銜接，交通緊密連通，打造充滿活力的灣區大市場，深化科技創新和產業合作，推動民生領域深度合作。」2019 年 2 月 18 日中共中央、國務院印發的《粵港澳大灣區發展規劃綱要》提出要建設人文灣區，要協同開展文化遺產保護：「堅定文化自信，共同推進中華優秀傳統文化傳承發展，發揮粵港澳地域相近、文脈相親的優勢，聯合開展跨界重大文化遺產保護，合作舉辦各類文化遺產展覽、展演活動，保護、宣傳、利用好灣區內的文物古蹟、世界文化遺產和非物質文化遺產，支持弘揚以粵劇、龍舟、武術、醒獅等為代表的嶺南文化，彰顯獨特文化魅力。」

可見，非遺保護和粵港澳大灣區建設都是國家戰略，前者以「文化認同」為主要目的，後者以「協同」為核心內容。粵港澳大灣區建設要實現跨區域、跨體制「協同」，必然離不開非遺「文化認同」：其一，非遺是灣區人共同的身份標誌，是自我認知的重要符號，讓灣區人知道自己是誰，從哪裏來。其二，非遺是人類傳統處理人與人關係的經驗總結，對於族群、地域認同和跨族群、跨地域的理解具有重要的價值。其三，非遺是文化多樣性的體現，是文化創新的基因，為灣區人提供了多樣的文化選擇和生活選擇。其四，非遺保護是一項長期的系統工程，需要調動政府、學者、非遺傳承人和其他社會力量，共同「采取措施，確保非物質文化遺產的生命力」，認同和協同也是它自身可持續發展的基本要求。

要做好粵港澳大灣區建設，就要傳承和弘揚灣區非遺的認同價值和協同精神。要傳承和弘揚灣區非遺的認同價值和協同精神，就要重構灣區非遺文化生態地圖，以「創造性轉變和創新性發展」理念推動非遺融入當代生產和生活，實施「非遺＋」系列工程：其一，實施「非遺＋創新」工程，建設開放性灣區非遺創新共同體，推動非遺從單要素創新向全要素、體系化創新轉變，推動非遺研發和產業孵化，打造具有國際水平的非遺 IP 基地。其二，實施「非遺＋數字化」工程，利用現代數字化技術、體感技術、VR 技術、智能機器人技術、區塊鏈技術，建設灣區非遺基因庫、數據庫、展示館，推動非遺基因的篩選、研究和保護以及展示、體驗和共享。其三，實施「非遺＋旅遊」工程，利用灣區非遺自身文脈特點，建設灣區非遺觀光、研修、研習、體驗旅遊線路，推動非遺旅遊發展。其四，實施「非遺＋傳播」工程，打造線上線下灣區非遺傳播品牌，包括非遺博覽會、非遺創意設計大賽、非遺國際論壇等品牌，提升大灣區非遺綜合影響力。

考慮到非遺保護有助於增強粵港澳大灣區的文化認同，有助於粵港澳大灣區的協同建設，粵港澳大灣區非遺保護要實施「非遺＋」系列工程，廣東省非遺保護中心組織編撰了《粵港澳大灣區非遺地圖》讀本，對粵港澳大灣區內 68 項非遺進行了「地圖導覽式」介紹，包括內容簡介、小貼士、遊覽資訊和延展知識等欄目，插圖精美，語言通俗、生動、有趣，是「遺產時代」「讀圖」潮流的具體體現，既有助於提升粵港澳大灣區人民自我文化認知、認同，促進跨地區、跨體制的大灣區協同建設；又有助於增強其他地區人民對粵港澳大灣區非遺的了解、體驗和認同，提高粵港澳大灣區非遺的可見度和社會影響力，其意義是顯而易見的。

目錄 CONTENTS

粵港澳大灣區
Guangdong-Hong Kong-Macao Greater Bay Area

粵劇「唱響」粵港澳 12
涼茶——三地人的「保健水」 18

粵（九市）
Guangdong (Nine Cities)

徑寸硯台凝聚千年手藝 24
鑼鼓一響睡獅醒 26
探秘古老的「陳李濟」 28
去中山看遊龍醉步 30
清溪巧手活麒麟 34
到斗門，看水上婚嫁 36
羅浮山下的百草油製作技藝 40
行花街 42
感受南澳水上人家過年習俗 46
舞燈盛事 48
行通濟，無閉翳 50
不用「賣身」的賣身節 51
千年廟會「波羅誕」 52
佛山祖廟廟會 56
大萬山島上的天后誕 58
端午賽龍舟 59
悅城龍母誕 62
傳統西關美食 64
白雲山下的沙河粉 66
舌尖上的沙灣古鎮 68
鵝城客韻 68
可賞可吃的菊花 69
探尋臘味文化 70
回味無窮之裹蒸 72

百年鵬城小吃 73
陳香飄五邑 74
杏仁飄香留齒間 76
中醫藥的世界 78
古老的打銅技藝 80
五百年窯火不斷的歷史 82
與佛山民間藝術的約會 84
探尋新會葵文化 86
滿滿的「酒意」 87
關於「香」的故事 88
絲綢中的明珠——香雲紗 90

港 Hong Kong

太平清醮保平安 94
端午遊龍福氣沖天 96
色彩斑斕的盂蘭勝會 100
大坑火龍耀中秋 102
流傳千年的斫琴技藝 106
全真道堂科儀音樂 110
西貢坑口客家舞麒麟 114
積德行善的黃大仙習俗 118
地水南音之美 122
宗族春秋二祭 123
香港天后誕 124
正一道教儀式傳統 126
宗族的美食盛宴 128
滑過絲襪的港式奶茶 130
竹紙間的千年信仰 132
香港中式長衫和裙褂製作技藝 134
戲棚搭建技藝 137
福照萬家的薄扶林舞火龍 138

澳
Macao

木雕 —— 神像雕刻 142
南音説唱 144
道教科儀音樂 146
魚行醉龍節 148
媽祖信俗 152
哪吒信俗 156
土生葡人美食烹飪技藝 158
苦難善耶穌聖像出遊 160
花地瑪聖母聖像出遊 162
土生土語話劇 164
土地信俗 166
搭棚工藝 168
朱大仙信俗 170

後記 POSTSCRIPT 172

粵港澳大灣區

Guangdong-Hong Kong-Macao Greater Bay Area

《粵港澳大灣區發展規劃綱要》中提到：「粵港澳大灣區包括香港特別行政區、澳門特別行政區和廣東省廣州市、深圳市、珠海市、佛山市、惠州市、東莞市、中山市、江門市、肇慶市（以下稱珠三角九市），總面積 5.6 萬平方公里，2017 年末總人口約 7000 萬人，是我國開放程度最高、經濟活力最強的區域之一，在國家發展大局中具有重要戰略地位。」

同根同源的非物質文化遺產像一條無形的紐帶，把粵港澳三地緊緊連在一起，並在這片沃土中繁衍生息，傳統的民俗風情與外來文化水乳交融，鮮明的民族個性在歲月的長河中愈久彌堅，閃耀着自信的光芒。

廣州
GUANGZHOU

惠州
HUIZHOU

東莞
DONGGUAN

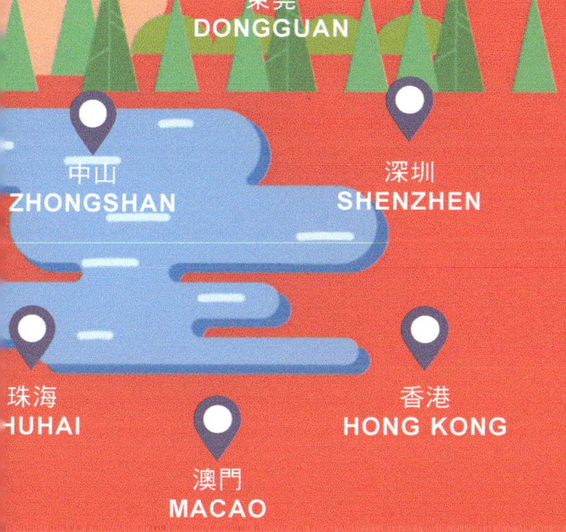

中山
ZHONGSHAN

深圳
SHENZHEN

珠海
ZHUHAI

香港
HONG KONG

澳門
MACAO

《中華人民共和國非物質文化遺產法》所稱非物質文化遺產，是指各族人民世代相傳並視為其文化遺產組成部分的各種傳統文化表現形式，以及與傳統文化表現形式相關的實物和場所。包括：

（一）傳統口頭文學以及作為其載體的語言；

（二）傳統美術、書法、音樂、舞蹈、戲劇、曲藝和雜技；

（三）傳統技藝、醫藥和曆法；

（四）傳統禮儀、節慶等民俗；

（五）傳統體育和遊藝；

（六）其他非物質文化遺產。

粵劇「唱響」粵港澳

涼茶 —— 三地人的「救命水」

粵劇「唱響」粵港澳

Cantonese Opera

粵劇作為嶺南文化的瑰寶，留給很多粵港澳的人們獨一無二的童年回憶。拿着小板凳早早地到廣場空地上，聽着「咚咚」的鑼鼓梆子聲，熱切地等待着「盛裝」出場的「大戲」角色，傳統的戲劇服飾、各色人物臉譜，獨具嶺南地區特色的唱腔功架，都看得人如癡如醉。

粵劇於 2006 年被列入國家級非物質文化遺產代表性項目名錄。

TIPS

1. 想要過足戲癮，搜索並關注「廣東粵劇院」微信公眾號，劇目資訊「無甩拖」(不會錯過)。

2. 位於廣州荔灣區、花城區和太陽新天地的馳名酒樓「大龍鳳第一雞煲」，酒樓裝修以粵劇服飾、頭飾等粵劇元素為主題，美食與粵劇的完美結合，不容錯過。

3. 如果你是一名資深粵劇愛好者，覺得上面介紹的還不過癮，不妨再走走佛山禪城區的廣東粵劇博物館、廣州恩寧路的八和會館和廣州越秀區的紅線女舊居，這些地方雖不會每天開鑼唱戲，但其中所展陳和蘊含的粵劇文化元素，肯定是你感受粵劇藝術魅力的最好選擇。

廣東粵劇院

地址　廣州市越秀區東風東路 703 號廣東粵劇院

公交　廣東工大站、犀牛路口站
地鐵　廣州地鐵 5/6 號線區莊站 B2 出口
自駕　地圖導航目的地「廣東粵劇院」

時間　視劇目場次而定

門票　視劇目場次而定

電話　020—87622113

粵劇知多啲

2009 年，「粵劇」入選聯合國教科文組織《人類非物質文化遺產代表作名錄》。

粵劇最初盛行於廣東珠江三角洲，19 世紀末開始，不少粵劇藝人到香港、澳門演出謀生，使粵港澳三地對粵劇的認知和情感都極其豐富。舊時的港澳粵劇多數在戲院及大戲棚演出，每逢傳統節日慶典都少不了粵劇的助興。1920 年更出現「省港大班」，一些較有規模的戲班活躍於廣州、香港、澳門的戲院，香港九龍油麻地的普慶戲院曾是主要演出場地，粵劇班牌鼎盛、名伶輩出。在影視業不那麼發達的年代，粵劇成為粵港澳三地人們共同期盼的娛樂和興趣。

粵港澳三地共同申報的「粵劇」於 2006 年被列入國家級非物質文化遺產名錄，於 2009 年被列入聯合國教科文組織《人類非物質文化遺產代表作名錄》，以前三地通過粵劇進行交流，現在更需要粵劇打造一個聯繫世界華人社群的平台，促進粵港澳共同在文化傳播和推廣上發力。

來到粵港澳一定要欣賞一番粵劇的「唱、唸、做、打」，還擔心不懂粵語看粵劇會很無趣？不會呢！單單是演員的化妝、戲服、身手動作及舞台設計，就足以令你大開眼界。

（左起）白雪仙、方艷芬、任劍輝合照，攝於 1950 年代

（左起）新馬師曾和陳錦堂戲裝照，攝於 1950 年代

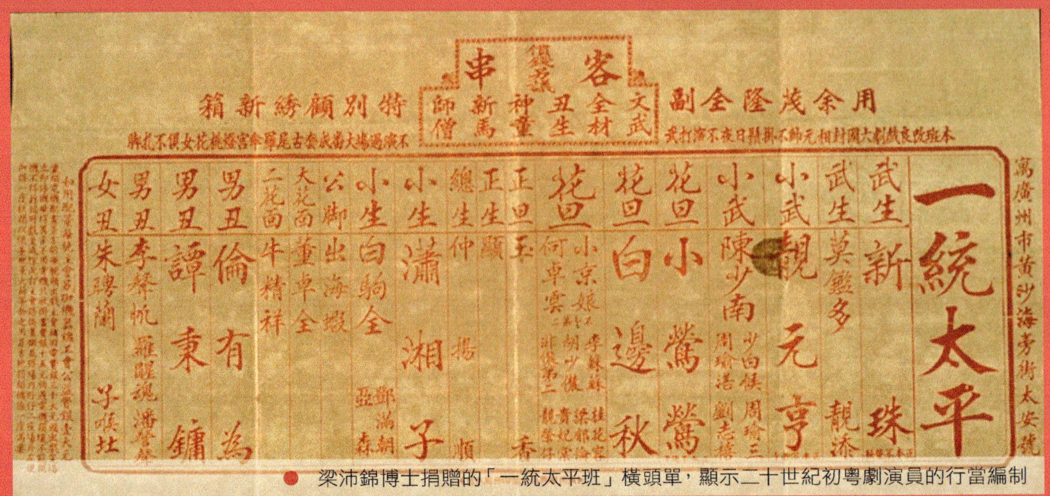

梁沛錦博士捐贈的「一統太平班」橫頭單，顯示二十世紀初粵劇演員的行當編制

黑地繡金龍坐車靴

紅地金黃片女蟒

紅地刺繡霞帔

七星額

白地淺綠片海青

西九文化區戲曲中心

地址　香港九龍西九文化區廣東道與柯士甸道西交界

交通　高鐵香港西九龍站 或 港鐵西鐵綫柯士甸站

時間　視劇目場次而定

門票　視劇目場次而定

電話　00852—22000217

澳門文化中心

地址　澳門新口岸新填海區冼星海大馬路

交通　巴士站「澳門文化中心」

時間　視劇目場次而定

門票　視劇目場次而定

電話　00853—28700699

涼茶——三地人的「保健水」

Herbal Tea

每當熱氣、喉嚨痛、長痘痘的時候，粵港澳三地的人們都習慣去涼茶舖喝杯涼茶「下下火」。他們認為此地氣候濕熱、水質燥熱，這樣的氣候和水質導致身體容易「聚火」，人容易生病，於是就地取材，將藥性寒涼、清熱祛濕解毒的中草藥，煎煮成各式各樣的湯劑飲用，這些飲料統稱「涼茶」。所以三地常見的涼茶一般宣稱具有清熱祛濕解毒的功效，如廿四味、雞骨草及五花茶等。

20 世紀 50 年代，粵港澳涼茶舖賣涼茶還用大喇叭放粵劇、講古，那裝扮得古色古香的櫃台，桌面上擺着幾個碗，店舖內擺着大葫蘆狀的「金銅鼎」，以及一個個大涼茶桶，就是舊時涼茶舖的標準裝備。現在香港的「恭和堂」和「春和堂單眼佬」、澳門大聲公涼茶等百年歷史的老字號涼茶舖，還保留着這樣的傳統形式。由古至今，涼茶已經成為了三地人生活中一個必不可少的元素，它承載着歷史，保留着傳統。

「老闆，來碗廿四味！」顧客一聲吆喝，老闆就從「葫蘆」裏盛出一碗棕黑色涼茶遞到眼前。當涼茶煮好後倒進「葫蘆」大銅壺能有很好的保溫作用，櫃台擺放的一碗碗涼茶賣光後再從壺中倒出，涼茶都還是熱乎乎的！

涼茶於 2006 年被列入國家級非物質文化遺產代表性項目名錄。

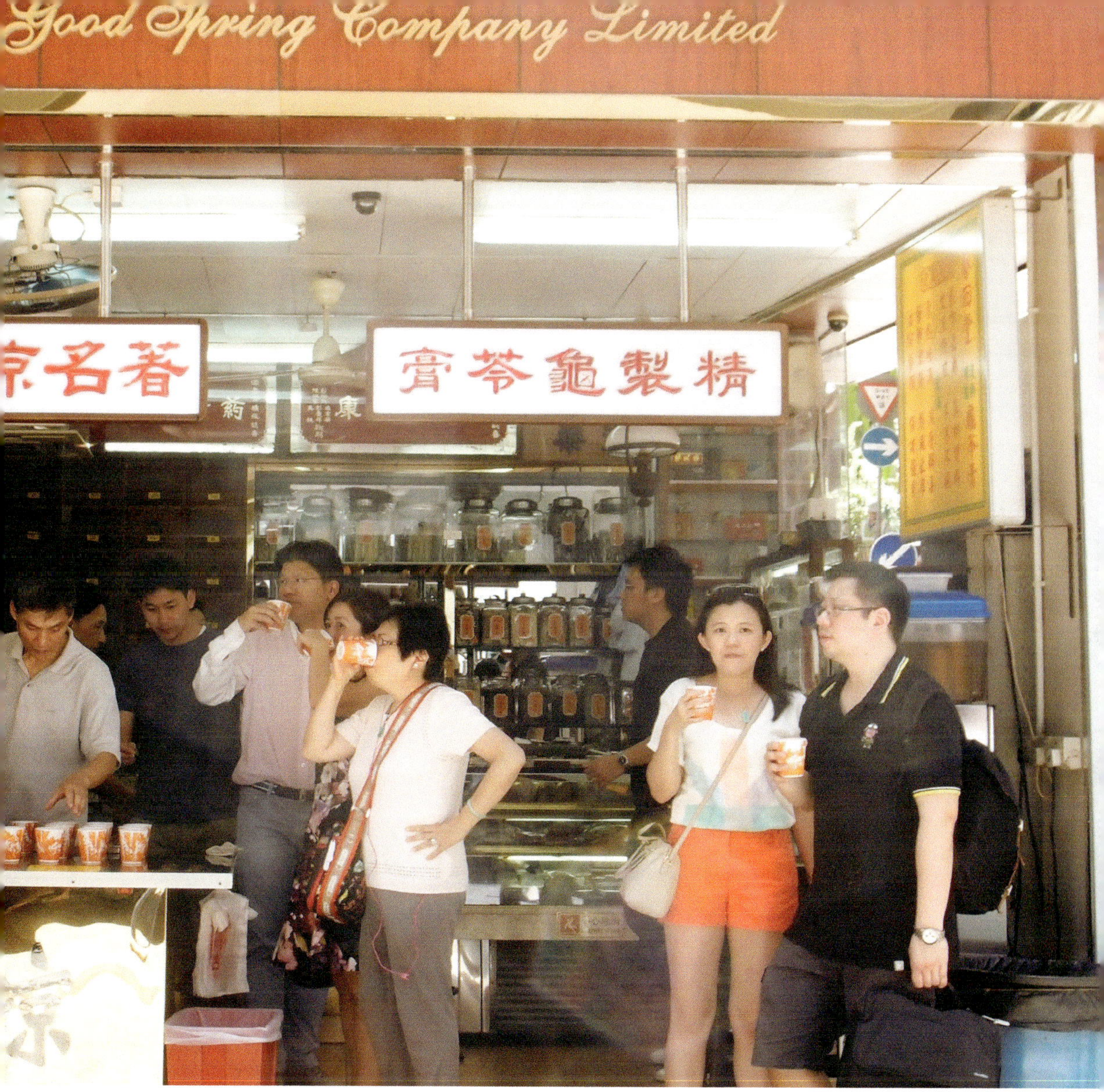
Good Spring Company Limited
精製龜苓膏

涼茶
五花茶

精製龜苓膏
精製龜苓膏

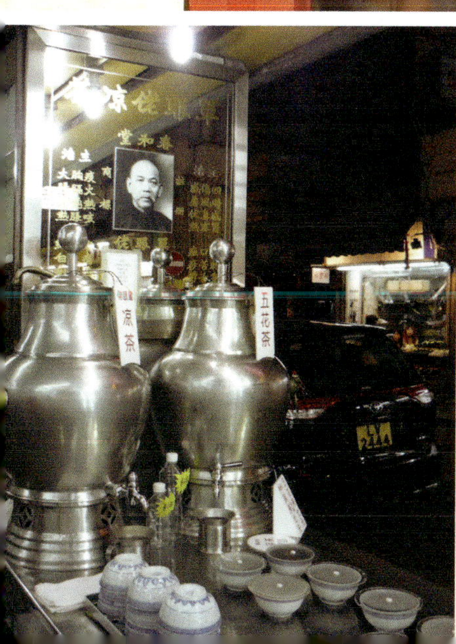

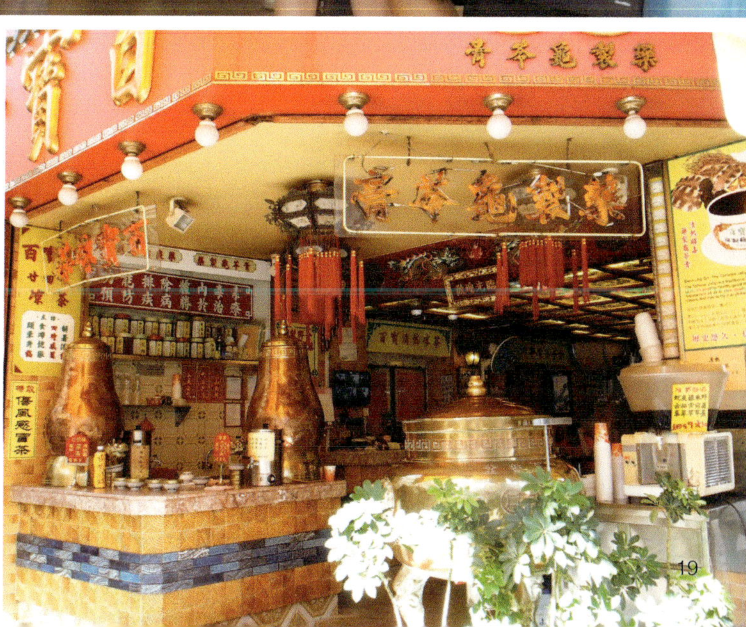

TAI SING KUNG
CHA MEDICINAL
大聲公涼茶
萬應外感茶

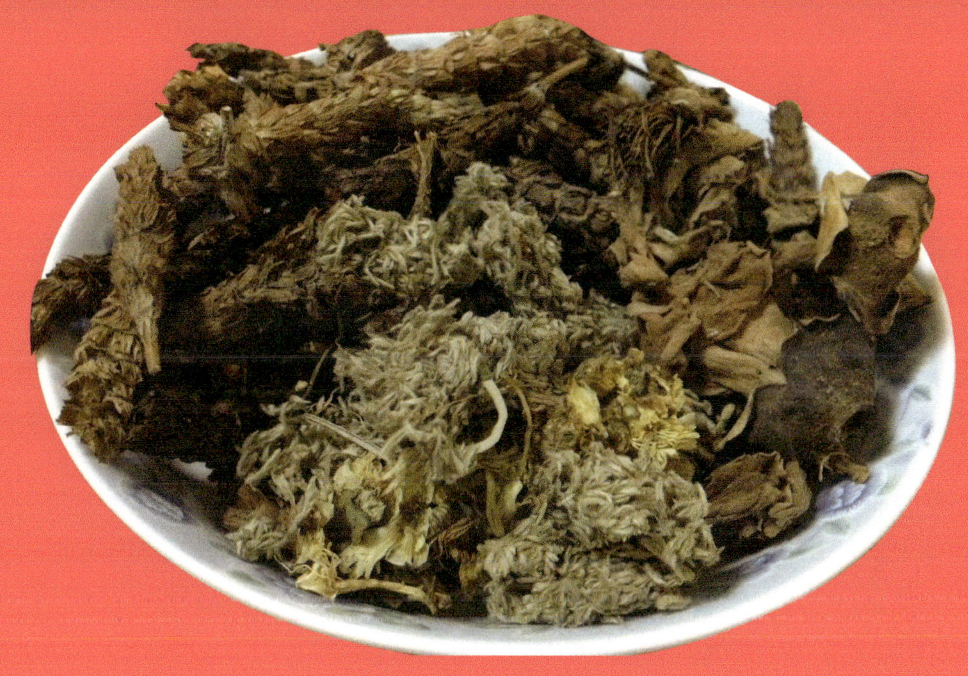

TIPS

1. 位於廣州的廣東涼茶養生博物館分為室內博物館和室外芳香園兩個區域，能夠讓參觀者從觸覺、視覺、嗅覺多方面認識廣東涼茶，享受一場傳統與科技並存的嶺南涼茶文化之旅。

2. 澳門博物館保留了當年澳門涼茶業的傳統形象：一輛四輪小車上，車廂內裝兩個大茶煲，車架前方分門別類擺放着茶杯、茶台架及各類「送口涼果」；一位身着短衫短褲的「老伯」正揮勺盛茶；按下試聽鍵，還能聽到老人蒼涼親切的叫賣聲：「百草涼茶，真料菊花，銀花涼茶……」令人回味。

涼茶知多啲

常見涼茶功效：

癍痧：癍痧涼茶是草藥大師黃振龍所創，清熱解毒、祛濕除癍、消暑散熱、化痰止咳。

廿四味：清熱、解毒、祛濕、消滯、去口臭等。

五花茶：由金銀花、菊花、槐花、木棉花和雞蛋花五種花組合而成，清熱解毒祛濕。

粵（九市）

Guangdong(Nine Cities)

「久在樊籠裏，復得返自然」。返璞歸真一直是許多文人墨客畢生的嚮往，時至今日，久在城市喧囂中的我們也有一顆蠢蠢欲動的心，渴望來一次心的旅程，從珠三角九市開始。

珠江水長，連滇黔，入廣府，連島嶼。得天獨厚的珠江三角洲在珠江水系的哺育下漸成福地，「南番順香東，清水化成龍」，舊時的廣州府轄十縣，共浴珠江水，文化遂成一體。如今，個別縣城雖易其名，但底蘊猶存，歷久彌新，鄉味依舊濃郁。在此，除卻歷史的風塵，醒獅仍在吶喊，麒麟熠熠生輝，醉龍豪氣萬丈。面對西關美食、醇香臘味、香菊杏餅，你還能忍住自己的饕餮慾望？尋一份本源，溯一種純真，從珠三角九市走起！

徑寸硯台凝聚千年手藝
鑼鼓一響睡獅醒
探秘古老的「陳李濟」
去中山看遊龍醉步
清溪巧手活麒麟
到斗門，看水上婚嫁
羅浮山下的百草油製作技藝
行花街（春節前夕）
感受南澳水上人家過年習俗（正月初二）
舞燈盛事（正月十三）
行通濟，無閉翳（元宵佳節）
不用「賣身」的賣身節（二月初二）

千年廟會「波羅誕」（二月十一日至二月十三日）
佛山祖廟廟會（三月初三）
大萬山島上的天后誕（三月廿三日）
端午賽龍舟（端午節）
悅城龍母誕（五月初八）
傳統西關美食
白雲山下的沙河粉
舌尖上的沙灣古鎮
鵝城客韻
可賞可吃的菊花
探尋臘味文化
回味無窮之裹蒸

百年鵬城小吃
陳香飄五邑
杏仁飄香留齒間
中醫藥的世界
古老的打銅技藝
五百年窯火不斷的歷史
與佛山民間藝術的約會
探尋新會葵文化
滿滿的「酒意」
關於「香」的故事
絲綢中的明珠 —— 香雲紗

徑寸硯台凝聚千年手藝

The Process of Making Inkstone

走進位於肇慶的中國端硯展覽館，首先映入眼簾的便是端硯主題文化展廳，端硯歷史文化、製作工藝、各式硯台，在這裏一應俱全，可賞可購。「一方硯，就是一方濃縮的中華文化。」墨硯中以端硯最為上乘，唐宋時期，肇慶白石村生產的端硯就聞名於世，是當時文人雅士書房中的必備珍品。端硯與歙硯、洮硯、澄泥硯合稱為中國四大名硯，且是眾硯之首。據說好的端硯不論嚴寒酷暑，用手按其硯心，硯心便會湛藍墨綠，水汽久久不乾，更有言說「哈氣研墨」。

參觀中國端硯展覽館之餘，不妨再看看展館所在的「端硯之鄉」白石村，馬路旁、基塘邊，鏘鏘鑿石聲此起彼伏，走訪村內眾多端硯傳統手工製作作坊及大型端硯工廠，說不定還會有意外的收獲。

端硯製作技藝於 2006 年被列入國家級非物質文化遺產代表性項目名錄。

TIPS

1. 白石村內有張之洞碑亭、伍丁先師、碑林、石敢當、硯巷、品硯園等景點，在這兒，就可以悠閒地待上一整天。

2. 國家級非物質文化遺產代表性傳承人楊焯忠先生創辦的工作室「華龍軒端硯展示館」也是感受肇慶端硯文化的好去處，這兒還是肇慶學院端硯生產實習基地以及端州區非遺傳承基地。

中國端硯展覽館

地址　肇慶市端州區端州一路端硯潮庭附近

公交　端硯文化村、市三醫院、東禺村、賓日、硯都大道南
自駕　地圖導航目的地「中國端硯展覽館（肇慶市端州區）」

時間　09：00—18：00

門票　免費

電話　0758—2183368

端硯工序知多啲

一方端硯的問世，要經歷探測、開鑿、運輸、選料、整璞、設計、雕刻、打磨、洗滌、配裝等十多道艱辛而精細的工序。

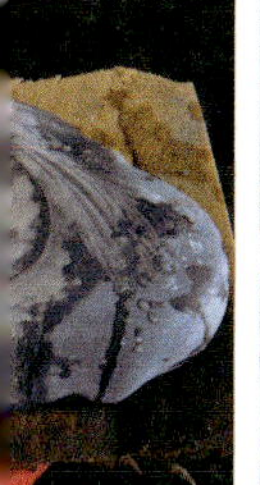

鑼鼓一響睡獅醒

Lion Dance

還記得電影《黃飛鴻》裏精彩的醒獅表演嗎？鼓手急促敲擊，鑼鈸鏗鏘奏鳴。披上金光燦燦的獅頭獅被，頃刻間化身為矯健雄獅。醒獅，南獅的重要代表。自古以來，廣東醒獅被認為是驅邪避害的吉祥瑞獸，每逢節慶或有重大活動，醒獅助興是必不可少的節目。

佛山西樵山腳有這樣一座清末古建築風格的武術館——黃飛鴻獅藝武術館，這裏分設有黃飛鴻故居、黃飛鴻史跡陳列影視室、寶芝林堂、百草堂等。每天固定時間，都有精彩震撼的醒獅表演。伴隨着鏗鏘激越的鑼聲鼓點，細心留意師傅們每一個「睜眼」「洗鬚」「舔身」「抖毛」的動作，這些可都是他們苦練多年的真功夫。

獅舞（廣東醒獅）於 2006 年被列入國家級非物質文化遺產代表性項目名錄。

TIPS

黃飛鴻獅藝武術館位於嶺南四大名山之一西樵山的山腳，用西樵山的門票也可以免費進館參觀的哦！看完精彩的獅舞，順便領略一下西樵山的自然風光也是個不錯的選擇。

黃飛鴻獅藝武術館

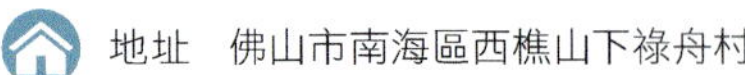

地址　佛山市南海區西樵山下祿舟村

公交　黃飛鴻武術館站
地鐵　廣佛線魁奇路站 C 出口，轉乘相關公交
自駕　地圖導航目的地「黃飛鴻獅藝武術館」

時間　08:30—19:00（表演時間：09:30 10:30 14:30 15:30）

門票　70 元（人民幣）/人

電話　0757—86896989

醒獅知多啲

採青

據説清末義軍四起，朝廷遂禁止民間習武，反清義士就以舞獅作為強身健體、密謀革命的手段。後來，廣東醒獅更添加了「吃生菜」的高潮環節，稱為「採青（踩清）」，意把清朝吃掉。醒獅採青遂作為一項固定習俗保留了下來。所謂「青」，是一小捆生菜紮上「利是（紅包）」、香煙等；由主家設青，一則代表吉祥好運，二則作為對舞獅者的獎賞。

點睛

凡新獅子要請德高望重者為其點睛，一般先點左眼再點右眼。傳統認為，新獅子開光點睛後，才有靈氣。

探秘古老的「陳李濟」

Chen Li Ji—Traditional Chinese Medicine Shop

「陳李濟」，一個熟悉而響亮的名字，如同一輛古老的馬車，滿載博大精深的中華醫藥盛譽，在歷史長河中走過了四個世紀。想探秘陳李濟品牌文化和中藥歷史，來陳李濟中藥博物館吧！作為嶺南地區首家中藥行業博物館，在這兒，循着濃濃的藥香，走過長長的走廊，進入獨具嶺南建築風格的博物館，歷史文物、獨特流程工藝、傳統產品、古法包裝等，通過場景還原等多種演示手段，一一展現在你眼前。置身其間，彷佛穿越回古代藥房，大開眼界，不由得感歎中醫藥那深厚的文化底蘊。

傳統中醫藥文化（陳李濟傳統中藥文化）於 2008 年被列入國家級非物質文化遺產代表性項目名錄。

TIPS

學生、機構等群體參觀陳李濟中藥博物館需提前預約。另外，博物館每月均有一天會對公眾開放，散客可提前諮詢開放時間，選擇當天前往哦。

陳李濟中藥博物館

地址　廣州市海珠區廣州大道南 1688 號

公交　洛溪橋腳站、南燕路站
地鐵　廣州地鐵 2 號線南洲站D出口
自駕　地圖導航目的地「陳李濟中藥博物館」

時間　需提前預約

門票　免費

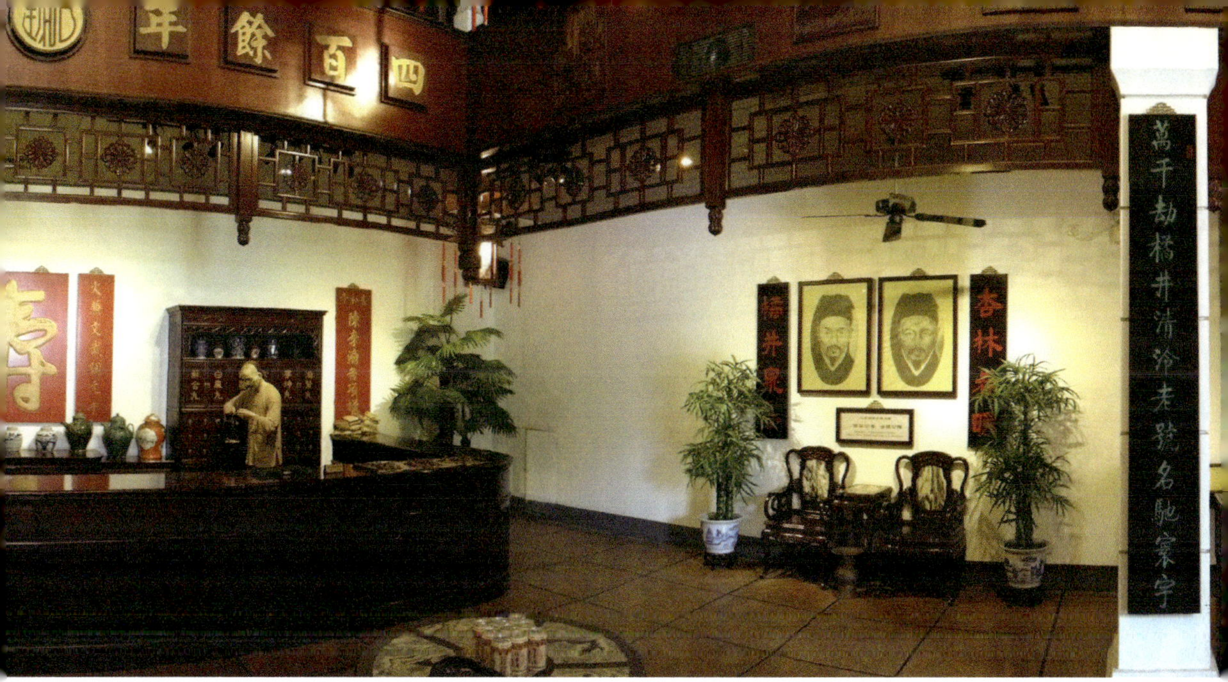
四百餘年

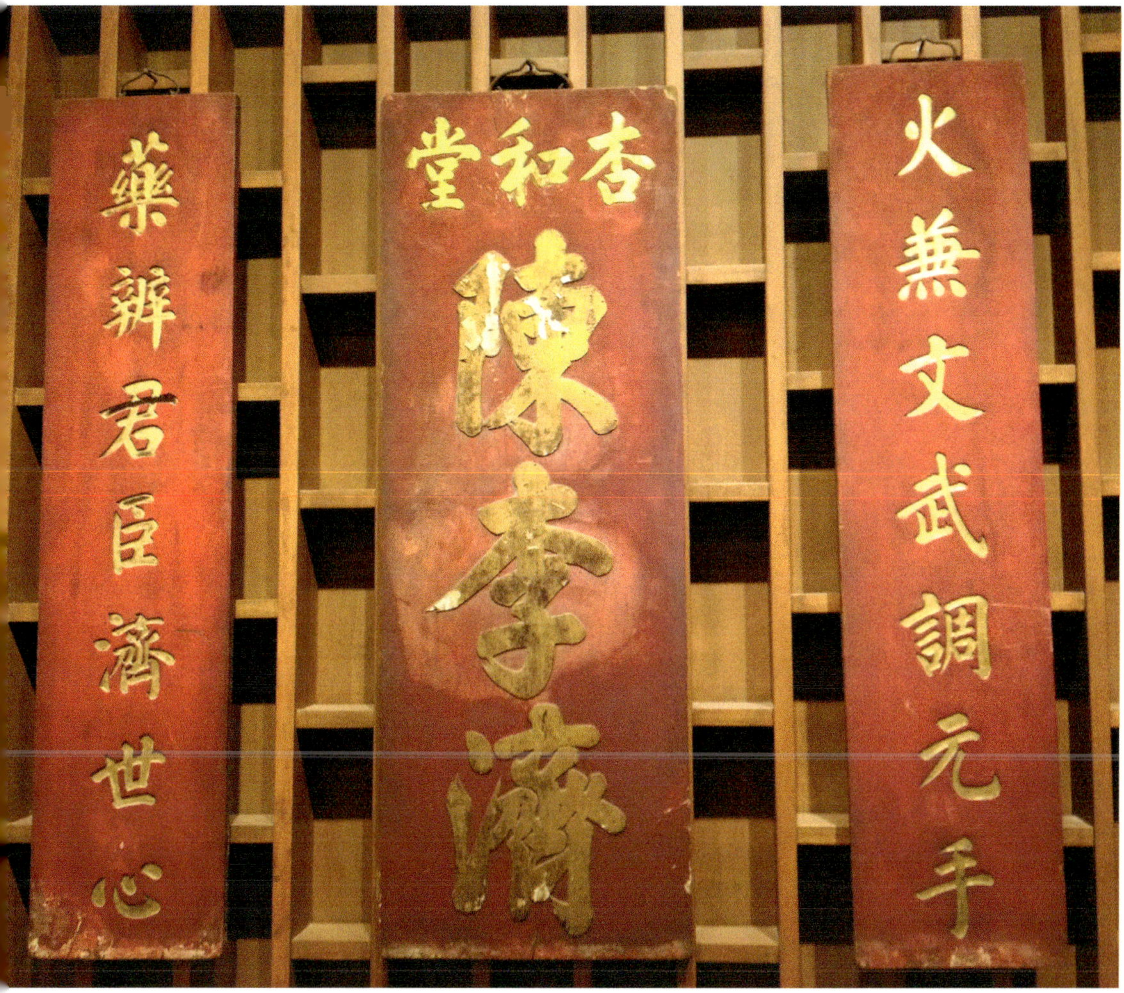
杏和堂
陳李濟
藥辨君臣濟世心
火兼文武調元手

去中山看遊龍醉步

Drunk Dragon Dance

「四月八日，浮屠浴佛，諸神廟雕飾木龍，細民金鼓旗幟，醉舞中衢，以逐疫，曰轉龍。」一段源自《香山縣志》（道光志）的記載，將農曆四月初八浴佛節舞醉龍的畫面清晰地展現在我們眼前。時至今日，每年中山市西區醉龍文化節期間，來到中山黃氏宗祠，仍能看到這樣的場景：舞者結合醉拳的套路，手裏拿着硬木雕刻，但並不連在一起的龍頭和龍尾，兩兩組合，在隊伍中高舉着木龍，變換着各種姿勢。這時，一旁的敬酒者不停地遊走在隊伍中向舞者敬酒助威，舞者一邊舞龍一邊仰頭向着天空噴灑出白白的酒霧，現場的空氣中彌漫着醇美的酒香……此情此景怎叫人不動心？在這裏，你能感受到醉龍舞「形醉意不醉、步醉心不醉」的最高境界。

龍舞（醉龍）於 2008 年被列入國家級非物質文化遺產代表性項目名錄。

TIPS

1. 長洲醉龍於當地農曆四月初八的浴佛節期間舉辦，請合理安排出行時間。
2. 每年農曆正月十五，中山市紅十字會都舉行慈善萬人行，展現異彩紛呈的非遺項目，長洲醉龍亦在其中，錯過初八，還有十五。

長洲黃氏大宗祠

地址　中山市西區長洲村長洲社區西大街 8 號

公交　煙洲牌坊站、天悅城站、富華天橋北站、富華酒店站

自駕　地圖導航目的地「中山市西區長洲社區黃氏大宗祠」

時間　每年 4 月至 5 月期間中山市西區醉龍文化節

門票　免費

電話　0760—23325873

醉龍舞知多啲

醉龍舞的舞蹈動作和步法依據不同的站位、表演進程都有嚴格的區分，如龍頭托法、龍尾執法、四評步、三拜九叩、金龍現爪等，每一個都有着固定的程式。

龍頭

龍尾

雙龍出海　橫 ∞ 字形　之字形

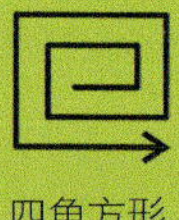

四角方形　梅花形

步法

龍頭托法

龍尾執法

四評步，三拜九叩

左弓步，升龍頭

拐步起型，霸王別姬

迴旋身法

金龍探海

金龍現爪

靈貓捕鼠

龍躍左右

麒麟步，右弓步升龍頭

左顧右盼，跪地穿龍

升龍頭，托龍尾

臥龍探水，帶馬歸槽

左右旋跳

清溪巧手活麒麟

The Process of Making Kylin

一雙巧手能賦予靜止的事物活靈活現的神態美，清溪麒麟製作的代表性傳承人黃素明師傅就有着這樣一雙巧手。在清溪鎮一個不起眼的小院子裏，黃師傅每天都在製作麒麟，從紮架、糊裱、繪畫、上油到頭部飾品裝飾，一道道手工步驟經過他靈巧的雙手，逐漸變成了活靈活現的瑞獸。

清溪鎮是客家人的聚居地之一，也是廣東目前還保存着傳統麒麟製作技藝的地區之一，清溪麒麟製作已有 150 年歷史，至今仍保留着客家麒麟的傳統工藝風格。麒麟製作分為麒麟頭、麒麟被和麒麟尾三大部分。清溪出品的麒麟做工精美、結實輕盈、神態逼真、畫工精細、比例協調。若能親身前往一探，定會讓你大飽眼福。

彩紮（麒麟製作）於 2014 年被列入國家級非物質文化遺產代表性項目名錄。

TIPS

1. 從 2015 年開始，東莞清溪鎮定期舉行麒麟文化節，除了麒麟舞蹈大賽和彩紮麒麟之外，還有麒麟文化圖片展、美食節、攝影大賽等眾多項目，感興趣的朋友可留意相關信息。
2.《禾雀花開》是一部以清溪麒麟文化為背景的微電影，感興趣的朋友可搜索來觀看！

高華麒麟製作坊

地址　東莞市清溪鎮大利村祿樹村小組

公交　乘坐大巴到清溪汽車站，轉乘當地公交前往

時間　需提前預約

門票　免費

電話　0769—87732060

高華麒麟第四代傳承人黃素明

工序一：紮架

工序二：糊裱紗紙

祖傳的已有百年歷史的顏料研磨棒

工序三：上色

工序四：上定光油

工序五：安裝飾物

到斗門，看水上婚嫁

Water Wedding in Doumen

伴隨着悠揚的鹹水歌和此起彼伏的鞭炮聲，新人遵循繁複而獨特的婚嫁形式，舉行「坐高堂」「歎家姐」「花船迎親」等儀式，這就是珠海斗門水鄉流行了幾百年的民俗——水上婚嫁。這一獨具特色的婚嫁習俗保留了水上人家對歌成親的禮儀，在備婚宴、接新娘、拜高堂、會歌友等幾個環節上，以船為交通工具，以歌來貫穿整個婚嫁活動的全過程。

如今，珠海斗門每年都會舉辦盛大的斗門水上婚嫁集體婚禮，屆時，十多對新人同時進行婚禮，場面壯觀而又熱鬧。對這一傳統習俗感興趣的可不能錯過。

漢族傳統婚俗（斗門水上婚嫁習俗）於 2008 年被列入國家級非物質文化遺產代表性項目名錄。

TIPS

斗門水上婚嫁集體婚禮每年舉辦的具體日期不盡相同，如想前往觀看，可留意當年相關最新資訊，以免錯過。

斗門水上婚嫁習俗知多啲

新娘必備服飾：

1. 頭上戴的鳳冠（也叫「花棚」）。
2. 兩條圍裙：一條在新娘出門時圍上，上面繡着蝴蝶、龍、鴛鴦、並蒂蓮、魚等吉祥圖案；另一條則到了男家後拜堂敬茶時圍上，寓意好生好養。
3. 出嫁時披在身上的紅布。

新郎必備服飾：

禮服、黑氈帽（上插狀元花）。

羅浮山下的百草油製作技藝

The Process of Making Plant Oil

在粵桂等地，提起羅浮山百草油，可以説婦孺皆知。無論內服還是外用，其藥效顯著，是許多人居家必備良藥。羅浮山百草油製作技藝由東晉時期著名藥學家葛洪所創，羅浮山中還可見「稚川丹爐」「洗藥池」等文物遺跡。如今民間仍有「遠古神農嚐百草，東晉葛洪煉藥油」的傳説。

羅浮山是嶺南中草藥的寶庫。百草油便是採集 79 種產於羅浮山的草藥，承襲古方提煉配製而成。走在山上，感受百草油的前世今生，想像這些中草藥經選材、採摘、煉製等一系列繁複工序終成藥油，別有一番趣味。

中醫傳統製劑方法（羅浮山百草油製作技藝）於 2011 年被列入國家級非物質文化遺產代表性項目名錄。

TIPS

羅浮山風景名勝區目前正在建設葛洪博物館，建成後將以實物、手繪或體驗等方式全面展示東晉藥學家葛洪在道教、醫學、化學等多個領域的傑出貢獻，其中便包括羅浮山百草油製作技藝的展示。你期待嗎？

羅浮山

地址　惠州市博羅縣長寧鎮

公交　羅浮山朱明洞景區站

時間　08:00—18:00

門票　60 元 / 人（登山索道：95 元 / 人）

電話　0752—6668600

行花街

Walking in the Flower Street

花街，一個令人浮想聯翩的詞。但對於廣州人來說，這個詞再熟悉不過。花街，顧名思義，指農曆新年前夕的「迎春花市」。「年卅晚，行花街」，在廣州有「行花街過大年」的說法，每年春節前，幾乎每個老廣都會到花市挑選「好意頭」的盆栽帶回家中，祈求新年行大運。

廣州的迎春花市，又稱年宵花市，是獨具嶺南特色的民俗景觀。迎春花市於春節前年廿八開始，至年初一凌晨結束。花市在布局上有一定的規格，一般分為花牌樓、前段、中段和尾段幾個部分，不同的部位出售不同的花種和物品。如果你在廣州過年，不妨約上三五知己，拉上親朋好友，隨着人潮遊走在花街之間，感受「花海人潮十里長，嫣紅姹紫競登場」的熱鬧場面。

迎春花市於 2007 年被列入省級非物質文化遺產代表性項目名錄。

TIPS

1. 廣州花市中，西湖路花市所處路段是廣州歷史最悠久的花街，直至目前，仍是廣州中心花市的所在地，並已形成了一個文化品牌。
2. 廣州的花市除了有各色花卉，還有特色的嶺南美食，年關歲末，花與美食兼得。
3. 花市期間，部分路段會進行封閉，自駕遊的朋友請注意繞行。

廣州市主要花市

地址　越秀區：西湖路、教育路花市
　　　荔灣區：荔灣北路花市
　　　海珠區：濱江西路和寶崗大道花市
　　　天河區：天河體育中心花市
　　　白雲區：白雲萬達廣場花市

地鐵　廣州地鐵 1/2 號線公園前站 D 出口（越秀區西湖路、教育路）
　　　廣州地鐵 1 號線陳家祠站 D 出口（荔灣區荔灣北路）
　　　廣州地鐵 2 號線市二宮站 D 出口（沿同福東路步行 1 公里）
　　　廣州地鐵 3 號線體育中心站（天河體育中心）
　　　廣州地鐵 2 號線飛翔公園站 C 出口（白雲萬達廣場）

時間　農曆十二月二十八日至正月初一凌晨

門票　免費

圖片提供　黎旭陽

專家點評知多啲

賞花之餘，老街坊還會買花，意在行好運。年橘象徵「大吉大利」，桃花寓意來年「愛情蜜運」，百合寓意「百年好合」，銀柳寓意「有銀又有樓」，還有「金玉滿堂」更是不言而喻。

——廣府文化研究專家饒原生

感受南澳水上人家過年習俗

New Year Customs of Residents in Nanao

深圳大鵬新區南澳街道，一方有着天然山海風光和獨特漁家風情的「淨土」。長久以來，當地人以海為伴、依海營生，獨特的生存環境下，形成了自己獨具風情的水上人家文化。每年正月初二，漁民們割草「紮龍」「舞龍」和「送龍」，熱鬧而盛大。周邊地區群眾紛紛慕名前往。舞龍時，龍身上插滿燃燒的香火，鞭炮開道，鑼鼓齊鳴，舉龍起舞，草龍所過之處，各家各戶均以紅燭鞭炮、生果（粵語，意為水果）酒水相迎，場面蔚為壯觀。據説，哪家鞭炮放得多放得響，哪家的日子就會越紅火呢。

疍民過年習俗於 2007 年被列入省級非物質文化遺產代表性項目名錄。

傳承人紮龍頭

大年初二舞草龍過程

TIPS

來到南澳，又怎能錯過這兒的海灘。南澳海岸線長65公里，擁有東涌、西涌、鵝公灣、洋疇灣、柚柑灣、楊梅坑、桔釣沙等18個優美海灘，其中東涌被譽為「深圳最藍海水沙灘」，而西涌海灘則被中國國家地理雜誌譽為「中國最美八大海岸」之一。

南澳水上人家過年習俗

地址　深圳市大鵬新區南澳街道

公交　南澳街道辦
自駕　地圖導航目的地「南澳島（深圳大鵬新區）」

時間　農曆正月初二

門票　免費

舞草龍知多啲

南澳漁民長年生活在船上，若海上颳起龍颶風會影響其生活，為此，每逢初一、十五，漁民在船上架起香火，朝天跪拜，祈求媽祖保祐四季平安。

某天夜裏，媽祖顯靈託夢給南澳人，說每年在正月初二晚上以舞龍的方式可以壓制龍颶風，以保風調雨順。因此每逢大年初二，漁民們便割草紮龍，舞動草龍，敲鑼打鼓，燃放鞭炮，朝海祭拜，直至送龍歸海。

長此以往，年復一年，這一習俗便成為當地一年一度的特色民俗活動。

舞燈盛事

Lantern Dance Festival

農曆正月十三，洋村家家戶戶張燈結綵，炮竹震天，龍獅共舞，伴隨四米多高的大花燈，由早到晚，巡遊全鄉四十二個鄺姓自然村。這就是江門市開平水口鎮洋村在正月裏最轟動的盛事——洋村燈會。

洋村燈會起源於明代，至今已有 550 多年歷史。洋村燈會有一套相對固定的程序和儀式，包括紮燈、送燈、起燈、舞燈、打燈。正月十三早晨，村民早早起來起燈，三個彩燈以不同方向、不同路線，在全鄉巡遊，場面十分壯觀熱鬧，彩燈每到一村，就交予該村村民舞動，彩燈繞村三周後再轉往其他村；巡遊結束後，彩燈分別到固定的地點進行打燈儀式，每當這個時候，村民們一擁而上，爭搶燈紙和燈篾等吉祥物，帶回家中保祐六畜興旺、出入平安。

燈會（洋村燈會）於 2008 年被列入國家級非物質文化遺產代表性項目名錄。

TIPS

舞燈和打燈環節時人山人海，聰明的你肯定會想到居高臨下來觀賞這場盛宴。

洋村燈會

地址　江門市開平市水口鎮洋村

公交　台山路口
自駕　地圖導航目的地「江門市開平市水口鎮洋村」

時間　農曆正月十三（五年一屆）

門票　免費

洋村燈會有段古

相傳明朝洪武元年，洋村祖宗鄺一聲自南雄遷到立村（龍田里）定居，但多年來人丁不旺，災禍頻至，百業不振。鄺氏十三世祖健齋專程前往請教大儒陳白沙先生。陳白沙認為，洋村一帶有五座黑石山，形似獅、虎、象、馬和牛。

有五獸鎮村，本應能確保安寧，但五獸之王的獅子，昏睡未醒，其餘四獸頑皮搗亂，才弄得民不聊生、災禍頻頻，特別是每年正月十三，是最不吉利之日，建議把獅子驚醒，震懾四獸。

經過村裏老人商量，決定糊個大燈當球給獅子玩，於是就在農曆正月十三，各鄉村民，點燈鳴炮，敲鑼打鼓，抬着大花燈出遊。這一招果然靈驗，洋村恢復了往日的寧靜。此後，每年農曆正月十三這一天，洋村民眾都會舉辦舞燈活動。

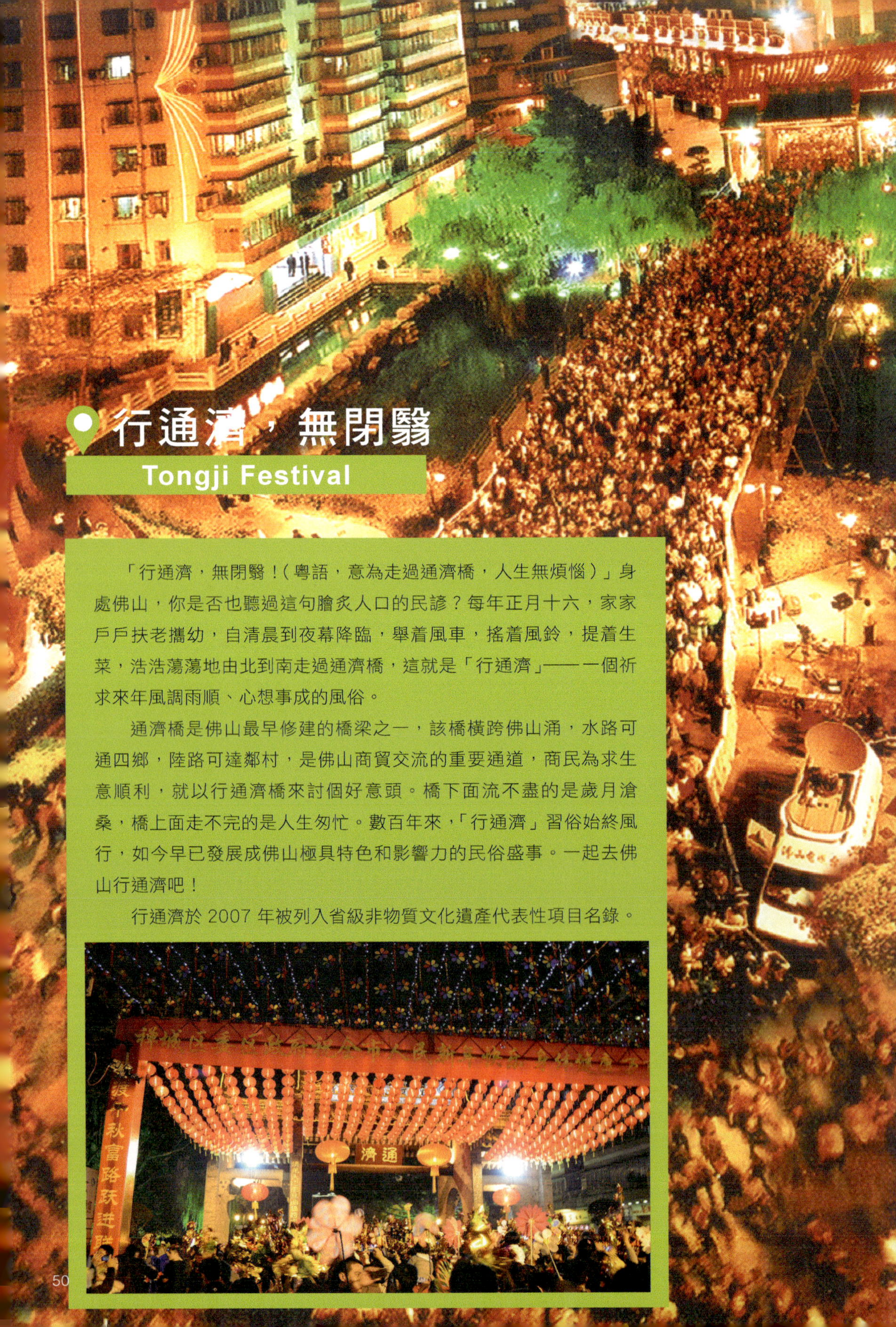

行通濟，無閉翳

Tongji Festival

「行通濟，無閉翳！（粵語，意為走過通濟橋，人生無煩惱）」身處佛山，你是否也聽過這句膾炙人口的民諺？每年正月十六，家家戶戶扶老攜幼，自清晨到夜幕降臨，舉着風車，搖着風鈴，提着生菜，浩浩蕩蕩地由北到南走過通濟橋，這就是「行通濟」——一個祈求來年風調雨順、心想事成的風俗。

通濟橋是佛山最早修建的橋梁之一，該橋橫跨佛山涌，水路可通四鄉，陸路可達鄰村，是佛山商貿交流的重要通道，商民為求生意順利，就以行通濟橋來討個好意頭。橋下面流不盡的是歲月滄桑，橋上面走不完的是人生匆忙。數百年來，「行通濟」習俗始終風行，如今早已發展成佛山極具特色和影響力的民俗盛事。一起去佛山行通濟吧！

行通濟於 2007 年被列入省級非物質文化遺產代表性項目名錄。

不用「賣身」的賣身節

Bondage Day

東坑賣身節是甚麼情況？過節要賣身？當然不是。千萬不要被這個節俗的名字嚇得不敢去了，不然你就錯過了東莞這場極具地方特色的盛大節日。

東莞市東坑鎮的賣身節源於明末清初，相傳塘唇村一盧姓大戶需僱長工耕作，人們聞之前來受僱，來的人多，其他大戶也前來尋找僱工，由此逐漸形成「賣身節」。賣身節主要有勞務墟市、商貿集市、走親戚、行街、購物、射水狂歡等幾項活動，射水狂歡是現代賣身節的一項重頭戲，當地群眾在這一天把水射向身邊的每一個人，如果這時你渾身濕透，那就代表祝福滿滿啦！

東坑賣身節於 2007 年被列入省級非物質文化遺產代表性項目名錄。

東坑賣身節

地址　東莞市東坑鎮東坑世紀廣場

公交　鎮政府站

時間　農曆二月初二

門票　免費

千年廟會「波羅誕」

Boluo Fair

波羅誕，又稱南海神誕、南海波羅誕，是為紀念南海神的生日而設立的廟會，至今已有一千餘年的歷史。會期是每年農曆的二月十一至十三日，其中農曆二月十三日為正誕。波羅誕的傳統民俗活動有水上慶會、四鄉會景、化裝巡遊、龍獅相會、飄色表演、大戲雜耍、龍舟盛會、文人雅集、花朝節等。如今，波羅誕廟會已成為廣州地區最大的廟會之一。每至正誕之日，方圓數十里的民眾都前來「遊波羅」，熱鬧程度勝似春節。遊客置身其中，不禁感歎時代在變，觀念在變，人也在變，不變的卻是那坐在神廟裏的南海神！

民間信俗（波羅誕）於 2011 年被列入國家級非物質文化遺產代表性項目名錄。

海不揚波

波羅誕有段古

相傳唐朝時，有一支波羅船隊經過南海神廟，貢使達奚司空上岸參拜，並種下兩棵波羅樹，以作紀念。達奚因植樹、觀景，誤了時辰，船隊已經開走。他每日立於岸上眺望，化作石人。村民把他的塑像供在神廟中，稱為波羅神，南海神廟也改稱波羅廟。

TIPS

遊玩波羅誕，別忘了買波羅雞 —— 這是一種用紙紮和雞毛黏製的工藝品。據說，波羅雞是「神雞」，在 10 萬隻雞中，有一隻會像真雞一樣，清晨鳴叫。誰的運氣好，買到那隻會啼叫的波羅雞，就可發財致富，享用不盡。你想試一下嗎？

南海神廟

地址　廣州市黃埔區南崗鎮廟頭村旭日街 22 號

公交　南海神廟站

時間　農曆二月十一日至二月十三日
09:00—16:30

門票　20 元 / 人

電話　020—82210927

佛山祖廟廟會

Temple Fair in Foshan

拜北帝、追巡遊、睇大戲……每年農曆三月初三，便是佛山民俗文化盛宴佛山祖廟廟會舉行的日子。「鼓吹數十部，喧騰十餘里」，廟會以「北帝」為主角，在以前，傳統的活動包括設醮肅拜、北帝巡遊、演戲酬神和燒大炮等，如今的北帝誕則包括了祈福肅拜、北帝巡遊、酬神唱戲和非遺展演等內容。巡遊時，北帝像端坐在朱漆貼金龍紋北帝轎椅（現陳設於祖廟）內，前有鑼鼓隊、儀仗隊、彩旗幡傘隊鳴鑼開道，後有醒獅隨尾，每到一條主街，坊間就張燈結綵迎駕。果真是「鼓吹數十部，喧騰十餘里」的盛況！

佛山祖廟有春、秋兩祭，每年秋季，祖廟還會舉辦盛大的鄉飲，以倡導尊老敬老、崇尚賢能的社會風氣。

廟會（佛山祖廟廟會）於 2008 年被列入國家級非物質文化遺產代表性項目名錄。

TIPS

在廟會上，除了精彩的祀典，多項非物質文化遺產項目也會加入北帝巡遊的組成方陣中進行巡演。同時，還設置專門的非遺展示場所和流動展示區，展出多個廣東各地及佛山非遺項目和多個老字號。如果想要趁機了解非遺知識，可要把握這個機會！

佛山祖廟

地址　佛山市禪城區祖廟路 21 號

公交　祖廟站
地鐵　廣佛線祖廟站 D 出口

時間　農曆三月初三（持續數天）

門票　廟會是開放式的，祖廟是收費的。

逛廟會遊禪城之相關推薦

佛山文化精華遊

祖廟→梁園→嶺南天地→佛山國際家博城→南風古灶

文化遺產之旅

祖廟→仁壽寺→塔坡廟→創意產業園→民間藝術社

南國武術之旅

黃飛鴻紀念館→葉問堂→佛山鴻勝館→佛山精武會

綠道休閒之旅

嶺南天地→南風古灶→綠島湖→羅南生態園

大萬山島上的天后誕

Tianhou Fair in Dawanshan Island

每年農曆三月廿三媽祖誕辰日，距離珠海市正南約 40 公里處的大萬山島上彩旗飄揚，鼓樂喧天，熱鬧非凡，這是當地一年一度盛大而獨具特色的大萬山島天后誕慶典。每當這個時候，香港、澳門和華南沿海一帶的許多漁民會來到大萬山島拜媽祖。慶典持續數天，金身巡遊、百圍盛宴、粵劇表演等輪番上陣，沿路滿滿的都是慶祝的人，好不熱鬧。

廟會（大萬山島天后誕）於 2018 年被列入省級非物質文化遺產代表性項目名錄。

TIPS

大萬山島上古木參天、怪石嶙峋，參加天后誕慶典之餘，推薦你再走走島上的天后宮、浮石灣、海鮮加工廠。另外，當地漁民的漁家樂活動 —— 魚排夜釣也十分值得體驗。在這兒，花上兩天一夜的時間，面朝大海，春暖花開。

地址　珠海市金灣區大萬山島

公交　香洲北堤碼頭坐船前往大萬山島
（登船班次時間：09:15）

時間　農曆三月廿三日（持續數天）

門票　免費

端午賽龍舟

Dragon Boat Festival

TIPS

1. 端午節前後近一個月內，東莞市各鎮區會舉辦各式各樣的龍舟文化節與龍舟競渡活動，詳情請提前留意相關資訊，以便合理安排出行時間和地點。
2. 觀賞完精彩的賽龍舟，不妨試試東莞特色的非遺美食 —— 厚街瀨粉和道滘裹蒸粽。
3. 除了東莞的龍舟月，每年端午節期間，廣東省內各大城市、鎮鄉幾乎都會舉辦形式多樣、熱鬧紛呈的賽龍舟活動，挑選你想前往的地點，到時候可不要看花了眼哦。

「五月初五係龍舟節，阿媽叫我去睇龍船。」端午賽龍舟由來已久，如今已經發展成為珠三角一項影響範圍廣、參與人數眾多的文化體育活動，尤以東莞為盛。東莞賽龍舟奪錦，自宋代以來一直沿襲至今。每年農曆四月初八至五月三十日，東莞人開始划龍舟，洗龍舟水，趁龍舟景，裹食粽子，吃龍舟餅，食龍舟飯，唱龍舟歌，活動往往持續一個月，稱為龍舟月。龍舟月主要活動是龍舟競渡，屆時，江上一艘艘長長的龍船伴隨着鑼鼓聲和岸上的吶喊聲，整齊劃一地開拔，場面蔚為壯觀，端午當天東莞萬人空巷，紛紛到河岸觀看賽龍舟。

賽龍舟於 2011 年被列入國家級非物質文化遺產代表性項目名錄。

龍舟製作技藝

分佈地區和結構

東莞市中堂鎮是龍舟製作之鄉，中堂製作的龍舟主要造型為「大頭龍」。「大頭龍」龍頭高高翹起，氣宇軒昂。該龍舟細長，形似柳葉，長 28.5 米，共有 28 排座，可乘划手 56 人。

東江流域的東莞、增城和博羅諸地的龍舟均為「大頭龍」，南海、番禺、順德也有，但數量較少。廣州地區和西江、北江兩江流域，則以「雞公頭」為主。這兩種龍舟，均屬傳統龍舟。其結構分為龍頭、龍尾、龍骨、龍腸、冚板諸部分，活動部分則有木橈、龍艄、龍船鼓、雙銅鑼、龍棍及龍旗等飾物。

龍舟製作技藝於 2008 年被列入國家級非物質文化遺產代表性項目名錄。

工藝流程

一條龍舟製作時間為 6—7 天，包括如下流程：

1. 選底骨（龍骨，主要選垂直的大杉樹做底骨）
2. 起底（釘蝴蝶底，起蝴蝶底）
3. 起水（拗彎龍骨，呈流線型）
4. 打水平（中線定位，平衡蝴蝶底）
5. 轉水（安裝擋水板）
6. 做大旁（稱為「合」舟兩側，也稱釘花旁）
7. 做橫擋（舟排骨）
8. 做坐板（運動員座位）
9. 安龍腸
10. 加固中腸（座位與龍腸用竹片加固，也稱抓篾）
11. 上桐油灰（板與板之間縫隙加固，防漏水）
12. 刨光
13. 塗清漆（使舟光滑，也稱掃柚油）
14. 製作安裝龍頭
15. 安裝尾舵

悅城龍母誕

Longmu Fair

「悅城之龍母，聞於天下久矣，自秦迄今，蓋千數百年，其神靈如在，凡仕宦之南北，商旅之往來者，靡不乞靈於祠下。」悅城祭拜龍母是秦朝延續至今的傳統，每年農曆五月初八，悅城龍母祖廟門庭若市，鞭炮不斷。這一活動圍繞龍母信仰表現孝親、圖騰崇拜、祖先崇拜等主題，在沿襲古老的參拜程序的同時，近年來，其活動內容不斷豐富，也吸引着越來越多的遊客慕名而來。

民間信俗（悅城龍母誕）於 2011 年被列入國家級非物質文化遺產代表性項目名錄。

TIPS

1、南方農曆五月多降水，出行前記得留意天氣預告。
2、做好出行計劃，提前查好交通路線，選擇最優的路線，儘量避開高峰期。

悦城龍母廟

地址　肇慶市德慶縣悦城鎮水口

公交　坐車到肇慶端州路汽車總站再轉直達德慶悦城的班車
自駕　地圖導航目的地「悦城龍母廟」

時間　農曆五月初八（持續數天）

門票　50 元／人

傳統西關美食

Food of Xiguan

有言道「食在廣州」，一種味道會讓你記住一個地方，這種味道甚至會成為一座城市的標記或獨特符號。廣州的美食符號當屬西關美食，尤其是上下九步行街附近的美食。

清晨起個早，約上三五良朋，齊聚茶樓，沏上一壺普洱或鐵觀音，點上幾籠蝦餃、燒賣、叉燒包、鳳爪……一坐就是一個上午。

下午，在上下九商業區內逛逛街，欣賞中西合璧的西關風情特色建築，感受舊城區的傳統風味，累了便找一家老字號小店，其中隨便一道粥粉麪、糖水燉品、風味小吃都能讓你回味無窮。

到了晚上，當然不能錯過「八大菜系之一」的粵菜。粵菜在匯集本土美食的基礎上，不斷吸取各大菜系精華，借鑒西方食譜，融會貫通而成。它講究選料廣博奇雜、成品清鮮爽嫩，其「清、鮮、爽、嫩、滑」的特色，承載着道法自然、天人合一的養生理念。

吃飽喝足，怎能不帶點回去？老字號蓮香樓、陶陶居、廣州酒家等的食品手信便是極好的選擇。其中的廣式月餅、老婆餅等，包你「食過返尋味」。

粵菜烹飪技藝於 2015 年被列入省級非物質文化遺產代表性項目名錄。

TIPS

上下九西關美食集錦

1· 陳添記
2· 伍湛記粥品專家
3· 南信牛奶甜品店
4· 開記甜品
5· 銀記腸粉店
6· 寶華麪店
7· 巧美麪館
8· 荔灣名食家
9· 蘇記美食
10· 林師傅牛雜店
11· 堅記麪店
12· 同記雞粥
13· 太平沙財記
14· 佳財叔丸王
15· 順記冰室
16· 蓮香樓
17· 西關人家
18· 泮溪酒家
19· 陶陶居（上下九店）
20· 廣州酒家餐飲（文昌總店）
21· 蓮香樓月餅（荔灣廣場店）

圖片提供　黎旭陽

廣府飲茶習俗知多啲

廣府飲茶習俗產生、發展並流行於廣州地區，輻射至珠江三角洲、港澳地區和海外，隨着清咸豐同治年間茶樓的出現，漸成風氣。人們上茶樓飲茶，配以點心、糕點，簡稱「一盅兩件」。此外，還形成問位點茶、斟茶禮節、行「叩茶禮」、揭蓋續水、點心單蓋印等茶禮及習俗。

白雲山下的沙河粉
Shahe Noodle of Baiyun Mountain

還記得紀錄片《舌尖上的中國》中的平民美食沙河粉嗎？起源於天河區沙河一帶的沙河粉現在已是省級非物質文化遺產了。如今，傳承着沙河粉傳統製作技藝的餐廳正位於白雲山腳下。

沙河粉是廣州一種大眾化的米製品，因最早出自沙河鎮而得名。距今已有一百多年的歷史，沙河粉以手工製作為主，其傳統做法是取白雲山上九龍泉水浸泡大米，將大米磨成粉漿蒸製，切條而成。「薄而透明、韌而爽滑」，正是沙河粉的獨特之處。

沙河粉傳統製作技藝於 2012 年被列入省級非物質文化遺產名錄。

選米
選用合適的粘米，易於製作出「嚼勁」口感。

浸米
米用泉水淘洗後浸泡 1 小時。

磨漿
磨漿時，用水龍頭控制山泉水每次滴下的量。

鋪平
舀一勺約 8 兩重的米漿倒在竹窩籃上，快速轉動 2 圈，使米漿薄薄地鋪於其上。

蒸粉
將竹窩籃放入水已沸騰的蒸爐中，蒸 50 秒至 60 秒。

輕揭
取下完整的圓形粉皮。

TIPS

沙河粉村位於廣州風景區白雲山附近，吃一碗地道的沙河粉，再一覽廣州白雲山的青山秀水，豈不快哉！

涼凍

將粉皮成疊放在一邊，晾至微溫即開始切粉。

切粉

用長刀切成 0.8 厘米至 1 厘米寬的粉條，全程用力均勻。

沙河粉村（雲台分店）

地址　廣州市白雲區廣園中路白雲山（近雲台花園）

公交　白雲索道站

自駕　地圖導航目的地「廣州白雲區廣園中路白雲山（近雲台花園）」

時間　07:30—21:00

消費　約 50 元／人

電話　020—37227888、020—37226888

舌尖上的沙灣古鎮

Food of Shawan Old Town

沙灣古鎮，一個歷史悠久的嶺南文化名鎮，有着「中國民間文化藝術之鄉」、「中國歷史文化名鎮」等稱號。同時，它還是廣東十大傳統美食之鄉之一。

在沙灣古鎮，你能看到保存完好的麻石街巷、水磨青磚牆、蠔殼牆、鑊耳風火牆、磚雕、灰塑、壁畫，欣賞到明、清、民國時期的古建築，感受到淳樸的耕讀文化孕育出獨具廣府韻味的小鎮情懷，還能吃到令你唇齒留香、回味無窮的沙灣美食。

其中，兩大甜品店沁芳園、沙灣奶牛皇后在番禺可謂無人不知。沁芳園是毫無爭議的老字號，店裏的牛奶糯米糍、炸牛奶便宜又美味。沙灣奶牛皇后也十分火爆，到店必嚐原味薑撞奶。當然，除了這兩家店，古鎮裏還有許多傳統小吃，只待你親身前往一品。

乳製品製作技藝（沙灣水牛奶傳統小食製作技藝）於 2018 年被列入省級非物質文化遺產代表性項目名錄。

沙灣古鎮

地址　廣州市番禺區沙灣大巷涌路 10 號

公交　留耕堂站
地鐵　廣州地鐵 3 號線市橋站 B 出口
自駕　地圖導航目的地「沙灣古鎮（廣州番禺）」

時間　09:30—17:30

門票　免費（留耕堂、三稔廳、衍慶堂這三個場館還需收費，通票 15 元 / 人）

電話　020—84730318

鵝城客韻

Hakka Cuisine in Huizhou

宋朝時期，蘇東坡被貶惠州，發出了「日啖荔枝三百顆，不辭長作嶺南人」的感歎。當然，除了荔枝，這裏還有粵菜三大派之一的東江菜。東江菜，得名於流入惠州西湖、向西南繞城而過的東江。它的另外一個名字可能更為世人知曉 —— 客家菜。其中的客家釀豆腐、黃金酥丸、客家鹽焗雞、燜豬肉、客家米酒等，只要提起，就能讓無數「老饕」忍不住口水直流。

客家鹽焗雞製作技藝（梅江區客家鹽焗雞製作技藝）、釀造酒傳統釀造技藝（梅縣客家娘酒釀造技藝）於 2013 年被列入省級非物質文化遺產代表性項目名錄。

行家推薦之惠州客家美食

客家釀豆腐
黃金酥丸
客家鹽焗雞
梅菜扣肉
韭黃炒蜆
客家山水豆腐
客家茶香豬大腸
客家豬雜湯
釀春
燜豬肉
客家苦瓜黃豆湯
客家糯米酒

可賞可吃的菊花

The Chrysanthemum Culture in Zhongshan

中山市小欖的菊花會和菊花宴遠近馳名，極具特色。原來，菊花除了賞，還能吃。小欖菊花魚球、小欖菊花肉、小欖菊花水欖、小欖菊花酒、小欖菊花八寶飯……舉不勝舉。在金秋季節的小欖，你不但能看到「滿城盡帶黃金甲」的菊花，還可以嚐遍各種菊花美食。

小欖人以菊花入饌做出各種菊花美食，在保留菜品鮮味的同時，更有清雅的菊花清香，久而久之，成為當地一項傳統文化習俗。伴隨着菊花會的舉辦，小欖的菊花飲食習俗得到很好的傳承和發展。到中山小欖賞菊花會，順便找一個酒樓，品品當地的菊花美食，包你不虛此行。

小欖菊花會於 2006 年被列入國家級非物質文化遺產代表性項目名錄。

探尋臘味文化

The Culture of Cantonese Cured Meat

廣式臘味是粵菜食譜中一個獨特的存在，醇香的肉味就好像吸收了陽光的味道，沉郁而又香甜。而在廣式臘味中，黃圃臘味是代表之一。黃圃臘味起源於清光緒年間，其中的黃圃臘腸是使用本地的原材料，經過分割切粒、拌料醃製、漏斗灌腸等一系列傳統工序製作而成，色、香、味俱佳，刀工、醃製、晾曬、烘焙等技術均達到較高水平。

位於中山市的黃圃臘味歷史文化展覽館展示了 1886 年至今黃圃臘味的起源和發展演變過程。其中的蠟像栩栩如生，再現了黃圃臘腸的古老製作場景，如果你對臘味文化感興趣，就來這兒看看吧。

廣式臘味製作技藝（厚街臘腸製作技藝）於 2012 年被列入省級非物質文化遺產代表性項目名錄，廣式臘味製作技藝（高埗矮仔腸製作技藝）於 2015 年被列入省級非物質文化遺產代表性項目名錄。

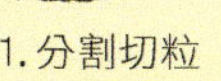

1. 分割切粒

2. 拌料醃製

3. 漏斗灌腸

4. 針板刺孔

5. 紮草分段

6. 索繩懸掛

7. 清洗去脂

8. 陽光晾曬

9. 炭房烘乾

回味無窮之裹蒸

Steamed Food in Zhaoqing

來到肇慶，怎麼能錯過當地最出名的傳統美食 —— 裹蒸。在肇慶，粽子不叫「粽子」，而叫「裹蒸」或者「裹蒸粽」。據説，肇慶的裹蒸在古代曾經作為「御食」進貢給皇帝呢。

肇慶裹蒸是用本地特有的柊葉、水草（蓎草）包製而成，如同一個飽滿結實的小金字塔。傳統的肇慶裹蒸重量在一斤左右，原材料大多為糯米、脱衣綠豆和肥瘦相間的豬肉。傳統裹蒸要經過 8~10 小時猛火蒸煮，「聞起來清香撲鼻、久久不散，吃起來軟糯鬆化、口齒留香」。如此美味可口的肇慶裹蒸，難怪人人都「食過返尋味」啦！

肇慶裹蒸製作技藝於 2009 年被列入省級非物質文化遺產代表性項目名錄。

百年鵬城小吃

Snacks in Shenzhen

嚐「合成號」小食，品深圳文化。「合成號」始創於清朝光緒二十七年（1901）的深圳墟，至今已有一百多年的歷史。它承載着幾代深圳人的記憶，融合了傳統與現代的獨特風味。

百年來「合成號」的出品，從原料到口感不斷改進、創新。只有它那獨特的製作工藝伴隨着一代代的深圳人，走過歷史的長河，歷經改革開放的大潮，在民間的小作坊裏，在鄉村的茶桌上，在逢年過節、走親訪友的禮品中，悠然地保留至今。

買幾盒「合成號」地道手信，嚐一嚐喜嫁禮餅、雲片糕、蛋餅、雞仔餅、花生餅，讓人不由得想起童年的味道，唇齒留香，回味悠長。

糕點製作技藝（深圳雲片糕製作技藝）於 2015 年被列入省級非物質文化遺產代表性項目名錄。

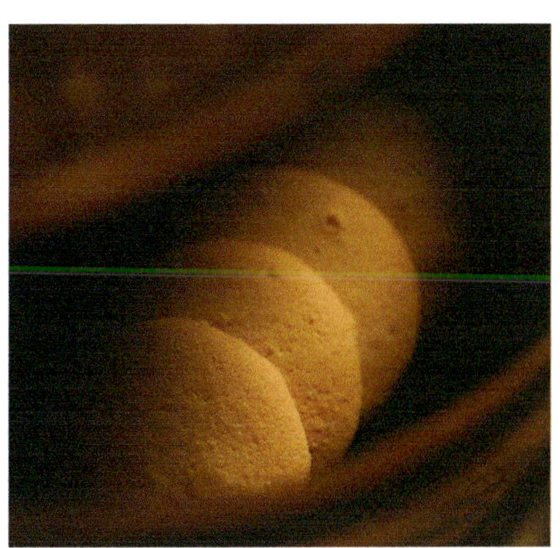

陳香飄五邑

Ganpu Tea and Dried Orange Peel

當新會柑遇上雲南的普洱茶會發生怎樣的故事？一次無心之舉締造了甘香的柑普茶，尤以良溪村的羅氏柑普茶為代表。相傳，羅氏柑普茶由清代道光年間進士羅天池始創，用雲南普洱茶和新會柑製作而成，距今已有將近兩百年的歷史。想要一睹最傳統、純手工的羅氏柑普茶製作技藝，羅氏柑普茶傳習所是個不錯的選擇。傳習所門口的陳設櫃內展示着各式柑普茶，還會定期舉辦柑普茶製作體驗活動。

除了柑普茶，新會陳皮也是必不可少的江門手信。正所謂「廣東有三寶，陳皮老薑禾稈草」，自古以來，新會柑農就種植大紅柑，曬製新會陳皮，並在此基礎上形成了獨特的陳皮行業和陳皮文化。如今，新會建造了以「陳皮」為主要文化載體，融合了嶺南文化的新會陳皮村。其中的 3D 多媒體展館 —— 陳皮文化體驗館，以視覺體驗為主，利用聲、光、電多媒體技術，全方位記錄並展示新會陳皮文化。

新會陳皮製作技藝於 2009 年被列入省級非物質文化遺產代表性項目名錄，羅氏柑普茶製作技藝於 2015 年被列入省級非物質文化遺產代表性項目名錄。

新會陳皮村

地址　江門市新會區銀湖大道東 9 號（梁啟超故居對面）

公交　梁啟超故居站

自駕　地圖導航目的地「新會陳皮村」

時間　全年 09:00—21:30
（陳皮文化體驗館開放時間為 10:00—17:00）

門票　進入新會陳皮村免費
（陳皮文化體驗館門票為 15 元 / 人）

電話　0750—6789666

杏仁飄香留齒間

The Process of Making Almond Cake

說到咀香園，你會想起甚麼？很多人首先想到的是杏仁餅。咀香園杏仁餅傳統製作工藝發源於中山石岐，後來逐漸流傳到澳門等地區。杏仁餅以綠豆粉為主要原料，再以特製豬肉為夾心用木製餅模打製杏仁狀的餅樣，經過一系列傳統烘焙工藝製成。杏仁餅也因它的外形似杏仁而得名。現經改良，已變成圓餅狀。咀香園杏仁餅的製作主要包括浸豆、烘豆、脱殼磨粉、製豬肉餡、磨糖粉、拌粉、倒模成形、烘焙、冷卻、包裝等多個工序，製成的杏仁餅入口甘甜鬆化，齒頰留香。如你有時間，還可以帶孩子來這裏感受一下打餅、製餅的樂趣！

咀香園杏仁餅傳統製作工藝於 2009 年被列入省級非物質文化遺產代表性項目名錄。

咀香園杏仁餅展示區

地址　中山火炬開發區沿江東二路 13 號（國家健康基地）
咀香園健康食品（中山）有限公司內

公交　中山健康基地站
自駕　地圖導航目的地「咀香園健康食品有限公司（中山）」

時間　09:30—16:30（參觀時間：40 分鐘）

門票　10 元／人

電話　0760—88282188

中醫藥的世界

World of Chinese Medicine

當各種你見過的、沒見過的中草藥浸泡在透明的玻璃瓶裏，整齊排列成一面近 15 米高的中藥標本牆出現在你面前，你是否感受到一種來自內心深處的震撼？原來，中藥也可以這麼美。

廣東中醫藥博物館，就是這樣一個能不斷地為你帶來驚喜，繼而讓你對中國傳統醫藥文化心生敬意的地方。館內藏有醫史文物 1 萬餘件，中藥標本 2000 多種、1 萬多瓶（份），室外藥圃栽種中草藥 2200 多種。室內開闢有醫史、液浸標本等展區和科普互動區；室外除「藥王山」「時珍山」等中草藥種植園區外，還有嶺南名醫壁、醫聖張仲景雕塑等景點。參觀廣東中醫藥博物館，領略中醫藥文化的博大精深，從此，你記憶中的中藥便再也不是黑乎乎的湯汁、苦澀辣嗆的味道。

廣東中醫藥博物館於 2013 年被評為廣東省非物質文化遺產研究基地。

廣東中醫藥博物館
Guangdong Chinese Medicine Museum

TIPS

廣東中醫藥博物館位於廣州中醫藥大學大學城校區，周邊環境優美，文化氣息濃郁。參觀完廣東中醫藥博物館，不妨漫步於大學城的林蔭小道，習習微風吹來，風光無限好，也不失為一種享受。

廣東中醫藥博物館

地址　廣州市番禺大學城外環東路 232 號

公交　廣中醫路路口
地鐵　廣州地鐵 4 號線大學城北站 C 出口
自駕　地圖導航目的地「廣東中醫藥博物館」

時間　週一至週六 09:30~16:45
週日閉館，團體參觀須提前一週電話預約

門票　免費

電話　020-39356899

商陆
Phytolacca americana L.

生姜
Zingiber officinale Rosc.
【功效——发汗解表　温中止呕　温肺止咳　解药食毒
用于——外感风寒　胃寒呕吐　腹痛腹泻　食欲不振　咳嗽痰多　药物或食物中毒】

假鹰爪
Desmos chinensis Lour.
【功效——通络止痛　杀虫疗癣
用于——肢体疼痛　跌打损伤　疥癣疮毒】

古老的打銅技藝

The Process of Cantonese Copper Smith

手工，講究的是「慢工出細活」，勤於學，苦於練，才能精於技。有時，學成一門手藝，需要一輩子。誰願意付諸一生？他們！匠人！在廣州西關的銅撈銅煲店內，師傅們每天都在重複同樣的動作，一個人，一張小板凳，一套打銅工具，就這樣埋頭苦幹一輩子。

據記載，廣州的手工打銅技藝清末時最為繁盛，各式打銅工人超過 2000 人。從一塊銅板到一件茶壺，要經過熔鑄、焊接、彎曲、穿孔、鍛打、鏨刻、退火、磨礪等「千錘百煉」。如果你想親自感受一下西關打銅工藝的匠心獨運，不妨來店裏體驗體驗，你也可以成為新時代的匠人！

西關打銅工藝於 2013 年被列入省級非物質文化遺產代表性項目名錄。

TIPS

到西關體驗了打銅，再到西關民俗館轉轉吧。西關民俗館由一間典型的西關大屋改建而成，是廣州文化的縮影。一室小景，有情有味，曆久彌新，不僅道盡了西關大屋的精妙之處，更濃縮了廣州風情。

天程铜艺品店

地址　廣州市荔灣區恩寧路 138 號

公交　黃沙總站
地鐵　廣州地鐵 1 號線黃沙站 B 出口

時間　週一到週日 09：00~18：00

五百年窯火不斷的歷史

Ceramic Sculpture of Shiwan

想了解石灣陶歷史，來南風古灶旅遊區吧！南風古灶，始建於 1506 年，其中最著名的一座龍窯，五百多年來窯火不斷且保存完好，是世界上持續使用至今最古老的龍窯，有「陶瓷活化石」之稱。景區由南風古灶、陶塑公園、綠舟孔雀園三個部分組成，園內有古寮場、明清古建築群、玩陶中心、石灣陶瓷博物館、公仔街、大缸瀑布等景觀，園區內還有不少陶泥體驗坊，找一個悠閒的週末，與孩子一起 DIY（自己動手製作），體會製陶的樂趣吧！

石灣陶塑技藝於 2006 年被列入國家級非物質文化遺產代表性項目名錄。

南風古灶旅遊區

地址　佛山市禪城區石灣鎮高廟路

公交　南風古灶（忠信市場）
自駕　地圖導航目的地「南風古灶」

時間　08:30—17:30

門票　25 元 / 人

電話　0757—82701218

非遺項目鏈接

石灣陶塑技藝

石灣陶塑製作工藝包括構思創作、泥料煉製、成形、裝飾、上釉、龍窯煆燒 6 個環節。以人物造型為代表的「石灣公仔」陶塑技藝形神兼備，吸收各種文化藝術精華，高度寫實和適度誇張相結合，兼有生活趣味和藝術品位，形成了鮮明的地方風格。

石灣龍窯營造與燒製技藝

石灣龍窯燒製技藝以雜草、松樹枝、木材等為燃料，採用古法燒製，大致分為裝窯、燒製兩個步驟，具有裝窯講究的特點。燒製工人需根據陶瓷產品的種類、大小、厚薄、燒成溫度等各種不同要求設計龍窯各段位的規格及傾斜度，以企達到預期效果。燒製過程中也有變數，出現意想不到的藝術效果。

TIPS

從南風古灶步行約 3 分鐘可到達廣東石灣陶瓷博物館，館內收藏有大量的國際級陶瓷、石灣公仔和陶瓷公仔。喜歡石灣陶塑的朋友「咪走雞」（不要錯過）！

與佛山民間藝術的約會

Folk Art of Foshan

想欣賞秀逸流暢的佛山剪紙、玲瓏剔透的佛山彩燈、熱烈豔麗的木版年畫等精湛的佛山民間工藝？佛山民間藝術研究社能一次性滿足你的多個願望。成立於 1956 年的佛山民間藝術研究社有佛山最大的本土民間工藝品展銷中心、剪紙作坊及其他民間工藝美術作坊，匯集了剪紙、彩燈、陶瓷、秋色、木版年畫等多種民間工藝，極具傳統和鄉土氣息。在這裏，你不僅可以觀賞、體驗和選購傳統工藝品，説不定還能邂逅某位民間藝術大師呢。

剪紙（廣東剪紙）、佛山木版年畫於 2006 年被列入國家級非物質文化遺產代表性項目名錄，彩紮（佛山獅頭）、燈彩（佛山彩燈）於 2008 年被列入國家級非物質文化遺產代表性項目名錄。

佛山民間藝術研究社

地址　佛山市禪城區文華北路 195 號

公交　大塘涌站、朝東站、市十中站
地鐵　廣佛線朝安站A出口
自駕　地圖導航目的地「佛山民間藝術研究社」

時間　09:30—17:30（全年開放）

門票　免費

電話　0757—82518946

探尋新會葵文化

Palm Leaf Fan of Xinhui

「清涼世界，出自手中，精逾鬼斧，巧奪天工。」當年，郭沫若視察新會葵藝廠，留下這樣的讚美之句。如今，新會葵藝滿載聲譽，名揚國際。新會盛產的蒲葵，葵葉寬大而不開裂，色澤光潔，骨骼細勻，體質輕盈，才造就「嶺南一絕」新會葵藝。無論是最為人們所熟知的葵扇，還是葵花籃、葵掛包、太陽帽等日常用品，融編織、繡花、繪畫和印花等於一體的特點，無不彰顯着其技藝之精湛。

圭峰山國家森林公園內的葵博園風景宜人，葵樹品種豐富，不僅展示了葵藝的精美作品，還能體驗有趣的葵扇製作過程，定能讓你大開眼界。

新會葵藝於 2008 年被列入國家級非物質文化遺產代表性項目名錄。

A 葵博園

地址　江門市新會區圭峰山國家森林公園內

公交　葵博園站
自駕　地圖導航目的地「葵博園」

時間　09:00—17:00

門票　10 元 / 人

電話　0750—6173309

滿滿的「酒意」

The Wine Culture of Lingnan

佛山釀酒歷史悠久，據《熙寧酒課》載，佛山早在宋代已有酒業。窺一斑而知全貌，想了解佛山酒業的風華，那就來廣東嶺南酒文化博物館和九江雙蒸博物館吧！

走進廣東嶺南酒文化博物館，3 個約 6 層樓高的巨大儲米罐便展現在眼前，壯觀而震撼。在這裏，你能欣賞到酒文化文物，了解酒的典故、酒俗和酒曲，充分領略嶺南酒文化與石灣酒廠集團的傳奇歷史文化，體味石灣玉冰燒酒釀製技藝的精湛。而位於九江鎮的九江雙蒸博物館則以展示九江雙蒸酒釀造技藝為核心，館內有古代的酒舖、戲台、米坊、酒坊以及碼頭等歷史場景的逼真模擬，展示風格與展品陳列都具有非常鮮明的地方特色。

九江雙蒸酒釀製技藝於 2009 年被列入省級非物質文化遺產代表性項目名錄。

廣東嶺南酒文化博物館

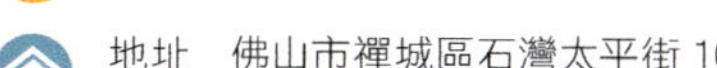

地址　佛山市禪城區石灣太平街 106 號

公交　嶺南酒文化博物館站
自駕　地圖導航目的地「嶺南酒文化博物館」

時間　週一至週六 09:00—17:00
（16:00 停止入場，平時只接受團隊預約參觀，每月第二個週六為公眾開放日，公眾不需預約。）

門票　免費

電話　0757—82260130　0757—82267610

九江雙蒸博物館

地址　佛山市南海區惠民路 12 號

公交　中外運碼頭、九江酒廠、上東四路村、閘邊電器市場、南方紅旗二村、沙口社區、九江戰備碼頭
自駕　地圖導航目的地「佛山市南海區惠民路 12 號」

時間　週一至週五 08:30—16:30
週六、週日 09:00-16:30

門票　免費

電話　0757—81865640

關於「香」的故事

The Process of Making Resin Incense

廟堂裏濃郁的檀香，餐廳裏淡淡的熏香，香味有着讓人舒緩緊張的神奇功效。東莞寮步的大街小巷，彌漫着一股讓人心醉的香氣 —— 莞香。

莞香，又名女兒香，是從莞香樹採製而成的香料的統稱，具有安神解鬱、調節身體肌理的功效，是唯一一個以地方命名的香種。莞香製作技藝利用真菌入侵莞香樹木凝結成香脂的原理，包括樹苗栽種、培植、開香、採香以及莞香的生產、製作等三十多道工序。想了解莞香製作技藝，可以選擇中國（寮步）沉香文化博物館，館內介紹了莞香的種植、香具的使用及展示了沉香實物等，非常值得一覽。

傳統香製作技藝（莞香製作技藝）於 2014 年被列入國家級非物質文化遺產代表性項目名錄。

TIPS

1. 想要了解更多沉香工藝知識，搜索「沉香文化博物館」微信公眾號並關注，留意其中信息哦。
2. 東莞市國家級非物質文化遺產項目「寮步香市」位於以牙香街為中心的街道，沉香文化博物館距此僅 10 分鐘左右的車程，愛香的朋友不妨去感受一下莞香縈繞的氣氛。
3. 有興趣的朋友，還可以到東城主山社區的尚正堂莞香文化博物館看一看！

沉香文化博物館別具特色，博物館外觀宛如一個做工精美、玲瓏剔透的香盒，寓意深長，美觀大氣。博物館匯聚了來自馬來西亞、越南、印尼等世界各地的頂級沉香。其運用先進技術，重現香市歷史，介紹沉香（莞香）的種植、香具的使用及展示沉香實物、各類香用品等，致力打造中國沉香文化傳播的重要基地。

中國（寮步）沉香文化博物館

地址　東莞市寮步鎮祥富路 1 號（香市公園內）

公交　香市公園、香市中學、祥富路
自駕　地圖導航目的地「中國（寮步）沉香文化博物館」

時間　09:00—17:30

門票　25 元 / 人

電話　0769—83529066

絲綢中的明珠——香雲紗

Watered Gauze

香雲紗，一個溫馨、美麗的名字，長期以來封存在人們的記憶中，深藏在奶奶的紅木衣箱裏，年輕一代已很少聽聞。事實上，香雲紗的生產歷史悠久，數百年來，一直由民間手工生產，是嶺南地區一種古老的植物染整面料。其製作工藝獨特，數量稀少，耗時長，對技術要求較高。因穿後塗層慢慢脫落露出褐黃色的底色，過去被形象地稱為「軟黃金」。

成藝曬莨廠坐落在佛山市順德區倫教鎮。在這裏，工人們每天都在重複香雲紗的一系列製作流程，浸、曬、封、煮……一步一步，看似簡單，卻耗時耗力，可見香雲紗得來不易。

香雲紗染整技藝於 2008 年被列入國家級非物質文化遺產代表性項目名錄。

香雲紗知多啲

傳統

因用莨紗所製成衣穿着行動時會沙沙作響，而稱為「響雲紗」，後又取其諧音，稱之為「香雲紗」。按坯料的不同可分為「莨綢」和「莨紗」兩種。

特色

香雲紗挺爽柔潤，不懼日曬，水洗牢度佳，防水性強，易洗易乾，色深耐髒，不沾皮膚，輕薄而不易褶皺，柔軟而富有身骨，貯存或穿着時間越長越舒適、越柔軟、越亮澤。真正上等的香雲紗正面是黑色，反面是黃褐色。

製作

如果天氣適宜，香雲紗的一個完整製作週期需要 15 天，生產流程中的浸、灑、封、煮、水洗等每個操作過程都十分繁複講究，大小工序共有三四十項之多。

佛山市順德區倫教成藝曬莨廠

地址　佛山市順德區倫教鎮新民大成圍工業區

公交　先至順德區，轉乘當地公交前往
自駕　地圖導航目的地「倫教鎮新民工業區」

時間　08:00—17:00

門票　35 元 / 人

電話　0757—27757756

TIPS

「廣東香雲紗文化產業園區」即將在佛山市順德區倫教街道落成，屆時，香雲紗文化將得到更全面的展示和傳承。

港

Hong Kong

中國香港特別行政區是粵港澳大灣區的中心城市，對區域發展起到核心引擎的作用。香港作為極具競爭力的國際大都會，擁有國際金融、航運、貿易中心和國際航空樞紐地位，也是中西文化的碰撞與共融之地。

19 世紀中至 20 世紀末，經濟高速發展的香港迎來了內地移民潮，其中以最鄰近的廣東省移民為主。這些廣東移民不僅在香港成家立業，還把以粵劇、龍舟、武術、醒獅等為代表的嶺南文化帶到了這裏，並在香港得天獨厚的國際視野下與時俱進，煥發出蓬勃生機。

振奮人心的划龍舟大賽、爭奇鬥豔的飄色遊行、消災祈福的盂蘭勝會、徹夜穿梭的舞火龍、別具匠心的斲琴技藝、清熱回甘的涼茶配方、清樸風雅的道教科儀音樂……古老的文化傳統與日新月異的現代都市共生共存，為世界文化的多元化增添一抹亮色。

- 太平清醮保平安
- 端午遊龍福氣沖天
- 色彩斑斕的盂蘭勝會
- 大坑火龍耀中秋
- 流傳千年的斫琴技藝
- 唱誦神秘的全真道堂科儀音樂
- 西貢坑口客家舞麒麟
- 積德行善的黃大仙習俗
- 地水南音之美
- 宗族春秋二祭
- 香港天后誕
- 正一道教儀式傳統
- 宗族的美食盛宴
- 滑過絲襪的港式奶茶
- 竹紙間的千年信仰
- 香港中式長衫和裙褂製作技藝
- 戲棚搭建技藝
- 福照萬家的薄扶林舞火龍

太平清醮保平安

Cheung Chau Bun Festival

長洲太平清醮是中國傳統道教文化的體現，源於香港長洲，是香港特有的大型民間節慶活動。節日包括「迎神」、「走午朝」、「超幽」、「送神」等祭祀儀式，寄託了當地居民保境平安、祈福納福的美好願望。

在為期五天的建醮活動裏，你將領略到精緻的紙紮神像工藝、目睹到驚險刺激的搶包山比賽、參與到色彩斑斕的飄色會景大巡遊、欣賞到熱鬧非凡的醒獅與祥麒表演……正是有了居民們持續多年的積極參與和節慶本身豐富的傳統內涵，一年一度的太平清醮才得到了長達百年的傳承與發展。

民間信俗（長洲太平清醮）於 2011 年被列入國家級非物質文化遺產代表性項目名錄。

TIPS

太平清醮期間，附近街頭的店舖會出售各種紀念品，比如包裝上印有平安包的鮑魚麵、平安包造型的棉花糖及化妝盒、鑰匙扣、冰箱貼、抱枕等，作為手信很有特色，也寓意把平安順利帶回家！

長洲太平清醮

地址　香港長洲島

公交　在中環 5 號碼頭搭乘渡輪至長洲島

時間　每年農曆四月初八舉行

搶包山知多啲

舊時，人們為了供奉神靈，會在北帝廟前搭建三個掛滿平安包的包山，作為太平清醮的重頭戲「搶包山」比賽的活動場地。參賽者們在裁判的一聲令下快速爬上包山，誰拿的平安包越多，得到的福氣就越多。活動過後，主辦方會把平安包分派給在場的民眾，保祐一方平安。

後來，考慮到比賽的安全問題，主辦方要求參賽者必須接受香港攀山總會的攀包山及防墮安全訓練，並佩戴安全繩。

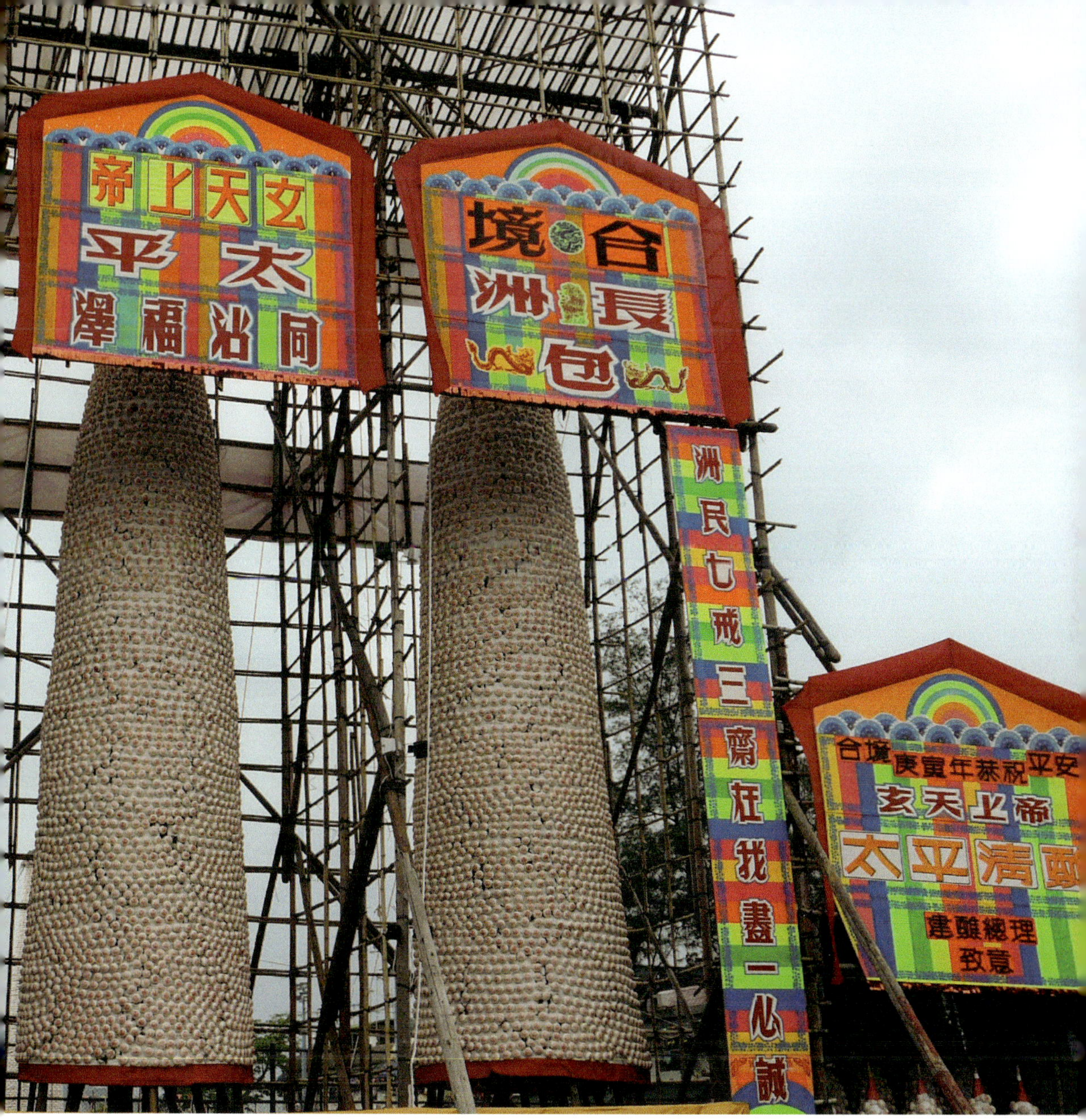
玄天上帝
太平
同沾福澤
合境
長洲
包
洲民七戒三齋在我盡一心誠
合境庚寅年恭祝平安
玄天上帝
太平清醮
建醮總理
致意

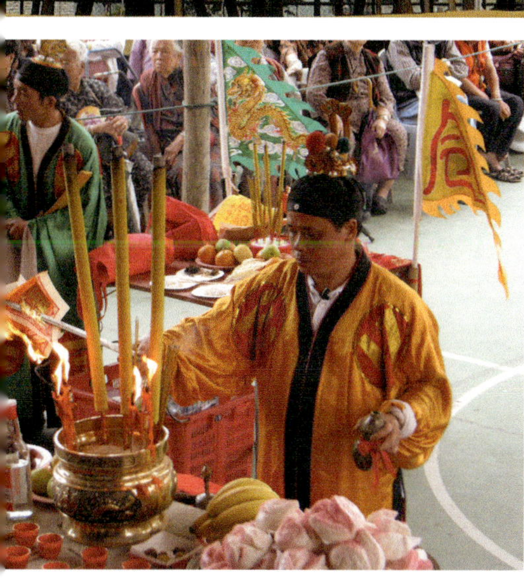

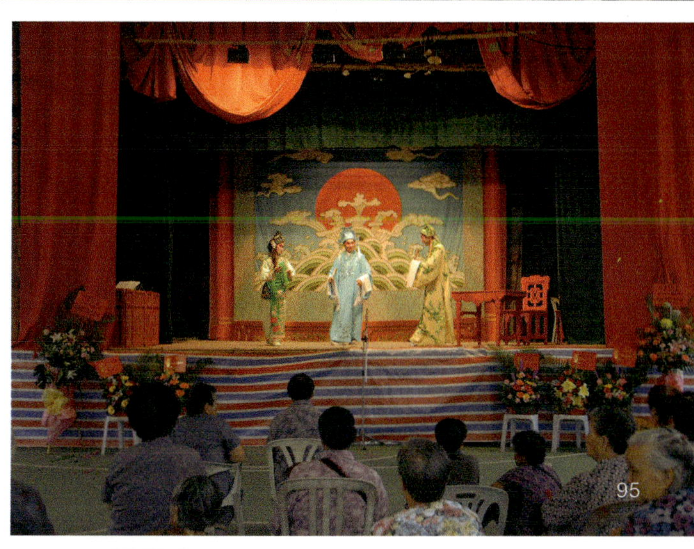

端午遊龍福氣沖天

Dragon Boat Water Parade

端午節來香港，除了到維港觀賞聲勢浩大的國際龍舟賽事外，您也可以到大嶼山的大澳，看看全港獨有的龍舟活動 —— 遊涌。蘊含着本土風情的大澳龍舟遊涌，已有逾百年歷史。每年農曆五月初五，鄉民都會划着一隻龍舟，後面拖着載有神像的小艇，巡遊在各水道間，並沿途焚燒寶燭，旨在祈求合境平安；而棚屋居民又同時朝着龍舟拜祭，祈求合家平安、驅除疾病，遊涌儀式過後便會舉行龍舟競渡。

端午節（大澳龍舟遊涌）於 2011 年被列入國家級非物質文化遺產代表性項目名錄。

TIPS

1. 從港鐵東涌站 B 出口旁邊的巴士總站搭乘 11 號巴士至大澳巴士總站，車程約 50 分鐘，下車地點為永安街旁，是大澳龍舟遊涌途經的地方。

2. 從港鐵東涌站 B 出口的東涌纜車站，乘搭纜車至昂坪纜車站。下車後步行約 5 分鐘到昂坪巴士總站，搭乘 21 號巴士至大澳巴士總站，車程約 20 分鐘，下車地點為永安街旁，是大澳龍舟遊涌途經的地方。

大澳端午龍舟遊涌

地址　香港大嶼山大澳

公交　可乘坐 11 號或 21 號巴士至大澳巴士總站

時間　每年端午節

電話　00852-29857229（大澳鄉事委員會）

採青

小神像安放在由龍船拖着的神艇上，準備遊神

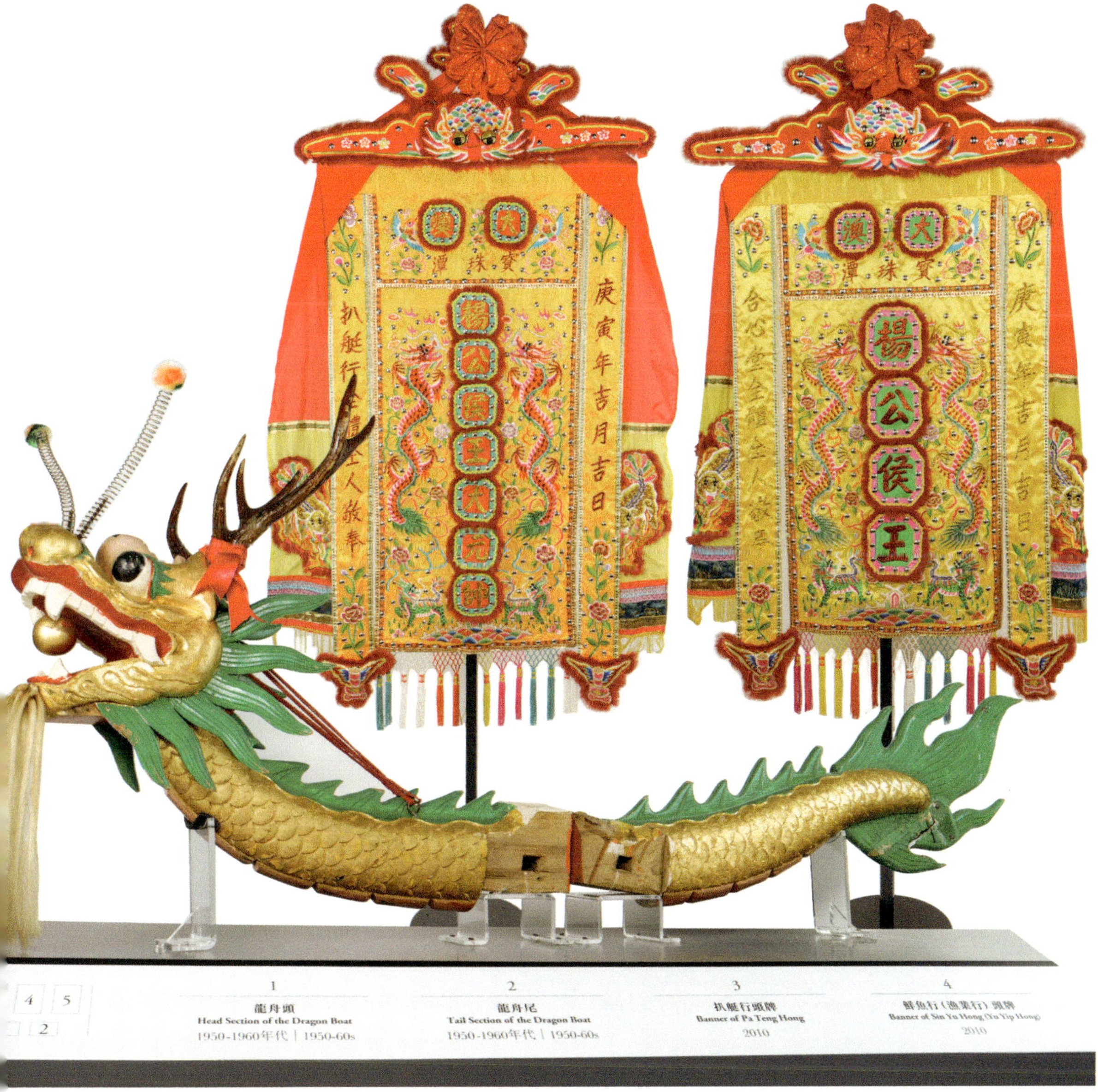
1
龍舟頭
Head Section of the Dragon Boat
1950-1960年代 | 1950-60s
2
龍舟尾
Tail Section of the Dragon Boat
1950-1960年代 | 1950-60s
3
扒艇行頭牌
Banner of Pa Teng Hong
2010
4
鮮魚行（漁業行）頭牌
Banner of Sin Yu Hong (Yu Yip Hong)
2010
大澳
寶珠潭
楊公侯王

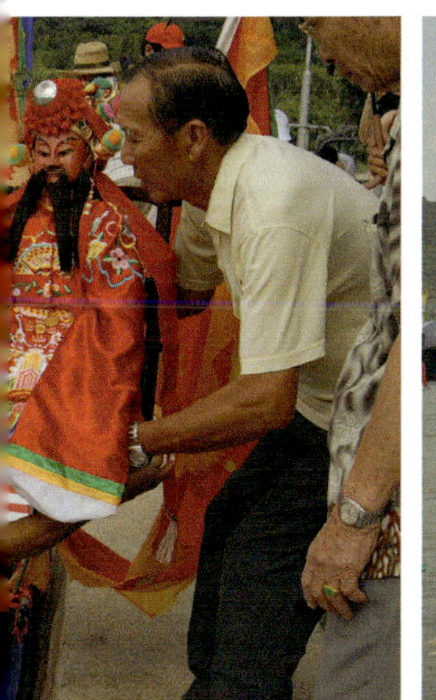

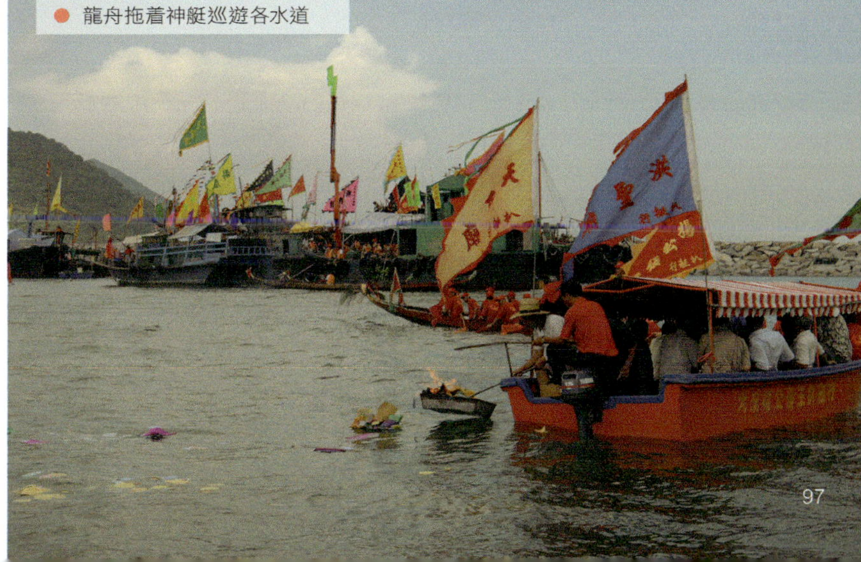

龍舟拖着神艇巡遊各水道

鮮魚行
楊公侯王

大澳端午龍舟遊涌通過新基橋

色彩斑斕的盂蘭勝會

Yu Lan Ghost Festival of the Hong Kong Chiu Chow Community

盂蘭勝會又稱「盂蘭節」，是中國的傳統民俗節日，迄今已有百年歷史。人們會在這幾天裏祭祀祖先、祭弔孤魂，具有施孤普渡和行善的意義。

香港地區的盂蘭勝會也稱「潮人盂蘭勝會」。香港的潮汕籍人士約有 120 多萬，他們從中國內地移居到港時帶來了盂蘭勝會的傳統。潮人盂蘭勝會從農曆七月初一開始舉行，持續到七月底。活動包括祭祀祖先，包括燒街衣、盂蘭節忌諱、盂蘭節神功戲、大士王、平安米、福物競投等內容，還有盂蘭文化歷史展覽、潮劇文化展示、戲班裝真人秀等精彩活動，遍佈香港島、九龍半島和新界等地。盂蘭勝會既包含了中國傳統民俗文化與宗教習俗，又包含了華僑、移民及香港發展史，凝聚成為具有香港本土特色的文化活動，是幾代香港人的集體記憶。

中元節（潮人盂蘭勝會）於 2011 年被列入國家級非物質文化遺產代表性項目名錄。

TIPS

來到盂蘭勝會還能順道體驗一下香港的戲棚文化，戲棚文化就是用竹棚與粵劇結合，成為「戲棚」。通常民眾會在盛會的空地搭起竹木製的大戲棚，一邊閒話家常，一邊欣賞大戲。

香港盂蘭勝會

地點　香港各區的公園、廣場或球場共六十多處地方，如香港維多利亞公園

時間　每年農曆七月初一舉行持續到七月底

盂蘭勝會知多啲

盂蘭勝會來源於一個名為「目蓮救母」的故事。目蓮在陰間見到他的母親受一群餓鬼折磨，就連餵到她嘴裏的菜飯都化為火炭。救母心切的目蓮向佛主求救，並在佛主的指引下得到了盂蘭盆經。七月十五日，目蓮按照指示，用盂蘭盆盛珍果素齋供奉母親，挨餓的母親終於得到食物。人們為了紀念目蓮的孝心，便有了一年一度的盂蘭勝會。

盂蘭盆活動中，人們會搭起竹棚供奉青面獠牙的「大士王」紙紮像。「大士王」又稱「鬼王」，相傳是掌管群鬼、維護陰間秩序的統帥，因此備受人們尊敬。當盂蘭勝會結束時，人們會將「大士王」紙紮像拿去火化，恭送其離開。

大坑火龍耀中秋

Fire Dragon Dance

香港的舞火龍習俗源於銅鑼灣區的大坑。相傳光緒年間，飽受瘟疫折磨的大坑村居民為了驅趕晦氣，決定在中秋節期間紮作火龍，龍身全長約 67 米，被分成 32 節，由珍珠草紮成，全身插滿長壽香，寄託村民對平安的祈願。

在蓮花宮完成開光儀式後，舞龍隊會在村裏開始順時針地穿街巡遊，途中伴有小童組成的紗燈隊同行，活動持續了整整三晚，場面蔚為壯觀。

大坑每年都進行為期三天的舞火龍活動，以祈求平安，從而成為香港地區延綿百年的民俗傳統。大坑舞火龍於 2011 年被列入第三批國家級非物質文化遺產名錄。

TIPS

1. 因為火龍有火的危險性，表演者和遊客需保持安全距離，觀看表演時要注意人群擁擠。

2. 舞火龍的巡遊路線必須是「順時針」，寓意順風順水。

3. 舞火龍結束後，人們將把火龍投入海中，稱為「龍歸天」，表示活動的終結（考慮到環境因素，活動結束後會有專人把火龍撈起撤走）。

4. 中秋節晚上約 10:45—11:30，鄰近的維多利亞公園亦會舉行舞火龍活動。

大坑舞火龍

地址　香港島銅鑼灣大坑（最佳觀賞地點：浣紗街）

交通　大坑：從港鐵天后站 A1 出口，橫過英皇道後轉右走至第二個路口，然後左轉沿銅鑼灣道步行 5 分鐘往大坑
維多利亞公園：從港鐵銅鑼灣站 E 出口，沿記利佐治街步行前往；或從港鐵天后站 A2 出口，左轉由興發街入口進入公園

時間　按當地公佈時間為準

電話　00852—25772649

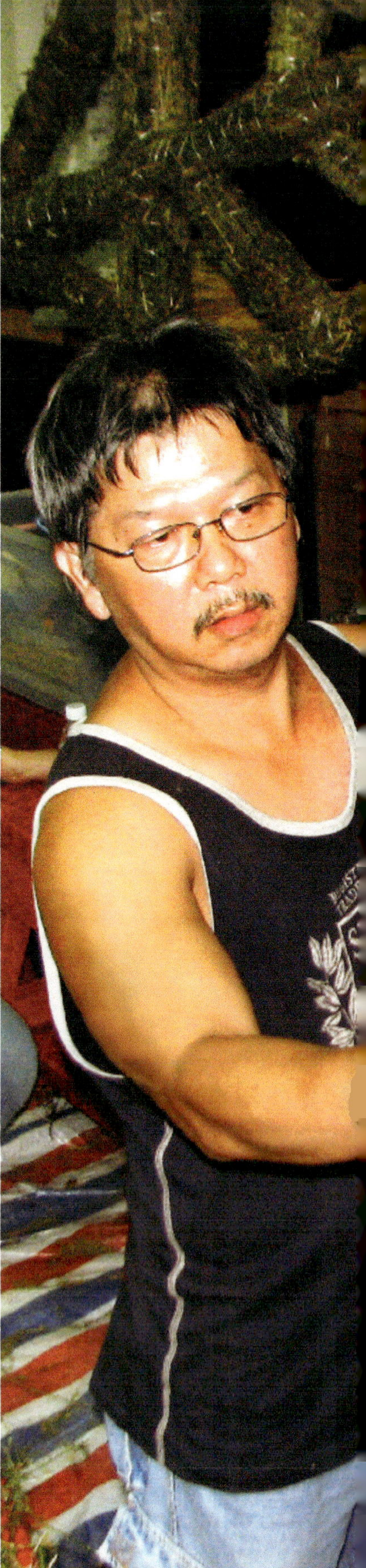

2006

大坑
火龍
大坑青年中心 致意

流傳千年的斫琴技藝

Guqin

古琴是中國最早的彈撥樂器之一，是中國「琴棋書畫」之首，迄今已有三千多年歷史。古琴的製作工藝也叫「斲琴」，「斲」古通「斫」，取自「劈、削」之意，是木藝、漆藝、銘刻等技藝的結合。在徐文鏡、蔡德允、容心言等香港琴人的努力下，古琴文化得以在香港地區扎根並完好保存了下來。

香港琴人的製琴工藝分為「尋、斲、挖、鑲、合、灰、磨、漆、弦」這九大步驟，在選料、式樣、髹漆及修挖等環節裏不斷完善技術，從而提升古琴藝術的質感。

古琴藝術於 2014 年被列入國家級非物質文化遺產代表性項目名錄。

TIPS

1. 作為古琴技藝傳承人，劉昌壽（蔡昌壽）師傅從 1993 年起開設「斫琴研究班」，至今仍是香港唯一的斫琴教學作坊。

2. 香港非物質文化遺產中心定期都會舉辦非遺體驗活動，現場都有傳承人舉辦活動，通過官網可以報名。

香港非遺文化中心

地址　香港新界荃灣古屋里 2 號

古琴知多啲

斫琴方法在古籍中多有記載，其中以清代祝鳳喈（1795—1850）撰寫的《與古齋琴譜》最為詳細，而晉代顧愷之（345—409）的《斲琴圖》，則以圖畫記錄了斫琴的步驟。無論是徐文鏡傳授予蔡昌壽、還是蔡昌壽傳授予學生的斫琴藝術，都是遵照傳統的方法，與古籍所載的基本相同。

WD-40

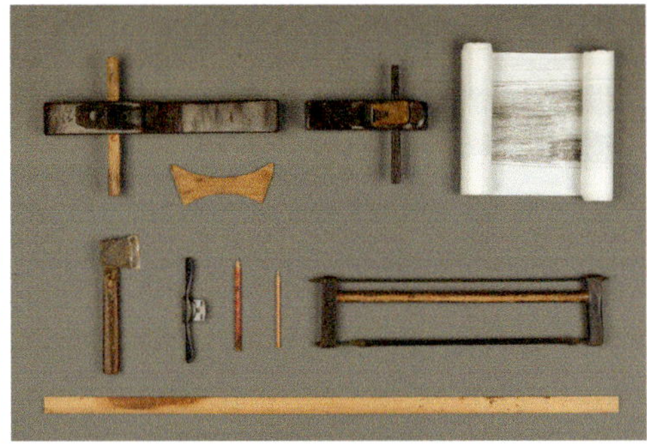

第二個斫琴工序

挖

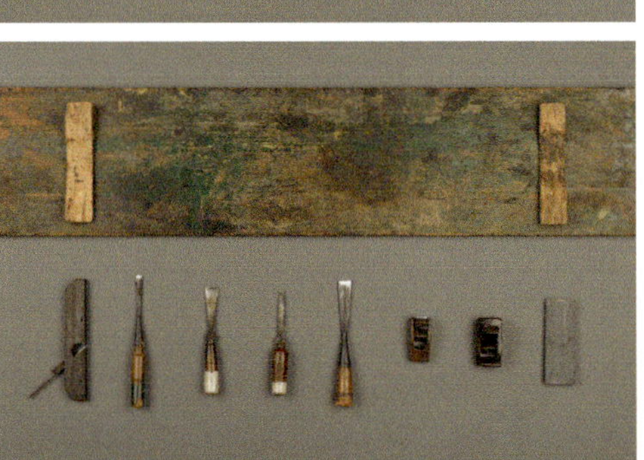

第三個斫琴工序

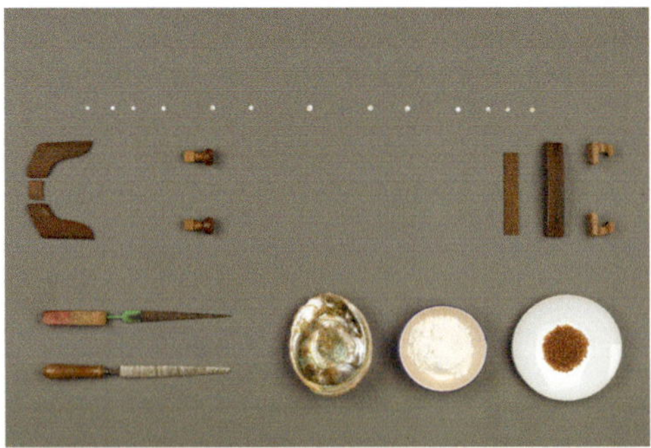

第四個斫琴工序

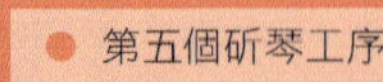

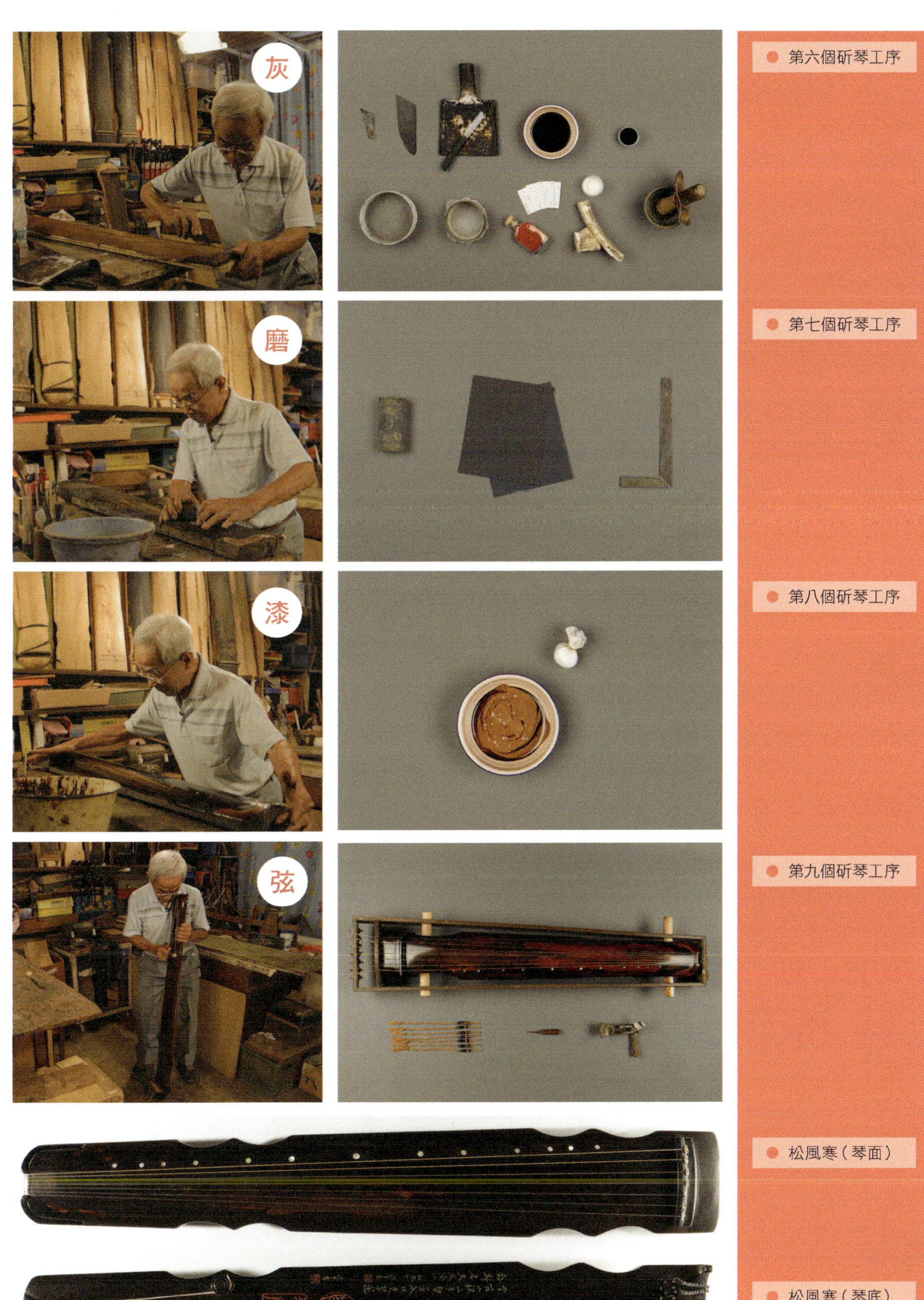

第六個斫琴工序

第七個斫琴工序

第八個斫琴工序

第九個斫琴工序

松風寒（琴面）

松風寒（琴底）

全真道堂科儀音樂

Quanzhen Temples Taoist Ritual Music

全真道堂是香港全真道派道教團體的一個統稱，1920 年至 1950 年間，由來自廣東的道門弟子成立，該團體傳承全真科儀經懺體系，供奉呂純陽祖師為主。

全真道堂科儀音樂來自廣州三元宮、南海茶山慶雲洞等地，傳到香港後，這種古老的儀式音樂又受到本地粵劇文化及宗教音樂的熏染，發展為具有香港特色的道教音樂。

香港的全真道堂科儀音樂按照朗讀和吟唱的方法，可分為四種音樂形態。道士以特定的節奏和腔調朗讀或吟唱經文，並伴以樂器演奏，清晰的道教音樂傳達了「唱」「唸」「做」的理念。其中，儀式裏使用的「聲樂」和「器樂」，統稱為「經韻」。

道教音樂（全真道堂科儀音樂）於 2014 年被列入國家級非物質文化遺產代表性項目名錄。

TIPS

1. 香港的道教信仰和儀式主要源自鄰近的廣東珠江三角洲地區，大致可分為「正一」和「全真」兩個派別。全真道堂是對現存香港道派道教團體的統稱。
2. 附近知名的墟市有聯合墟，建於 1949 年。
3. 特別建議可以在中午 11 點的時候去參觀道館，一小時後到蓬瀛仙館齋廚吃午餐。

香港蓬瀛仙館

地址　新界粉嶺百和路 66 號

交通　毗鄰港鐵東鐵線粉嶺站

玄
日昇
學院

堂科儀

全真道堂科儀音樂知多啲

1. 香港全真道堂科儀音樂的電子資料庫由蓬瀛仙館創立及運營，該資料庫收錄了大量寫實的影像、圖片、文字解說及樂譜資料，全面地保存了香港全真道堂所傳承的各類科儀音樂與唱誦技巧。

2. 香港道教音樂的器樂有獨特的一面。在道士舉行儀式登壇之前的鼓、鐃、鑼敲擊，儀式進行過程中法師只有法術動作而無經文誦唱的空當期間，用笛或嗩吶等樂器演奏的曲牌等，也是器樂音樂的重要內容。

西貢坑口客家舞麒麟

Hakka Unicorn Dance

18 世紀中葉，大量客家人從廣東遷移至香港的西貢坑口定居，帶來了客家文化及生產方式，其中便包括舞麒麟。客家人把麒麟看作能消災祈福的瑞獸，舞麒麟也被視為節日慶典和宗教儀式的重要元素，成為宗族成員之間的情感維繫。

舞麒麟結合基本步法與技巧，由一人領隊，兩人負責舞動麒麟的頭部及尾部，三人負責鼓、鑼、鈸等敲擊樂器。每逢農曆新年、婚嫁、祝壽、祠堂開光等喜慶場合，都會有舞麒麟的身影，俗稱「麒麟出棚」。

麒麟舞（西貢坑口客家舞麒麟）於 2014 年被列入國家級非物質文化遺產代表性項目名錄。